ADOLPHE JULLIEN

HISTOIRE DU THÉATRE

DE MADAME

DE POMPADOUR

DIT

THÉATRE DES PETITS CABINETS

Avec une eau-forte de Martial, d'après Boucher

PARIS

J. BAUR, ÉDITEUR

Libraire de la Société de l'Histoire de l'Art français

11, RUE DES SAINTS-PÈRES, 11

M D CCC LXXIV

HISTOIRE DU THÉATRE

DE

MADAME DE POMPADOUR

DIT

THÉATRE DES PETITS CABINETS

AUTRES OUVRAGES DU MÊME AUTEUR :

L'OPÉRA EN 1788, documents inédits extraits des Archives de l'État; une brochure in-8°, en vente à la librairie J. Baur, 11, rue des Saints-Pères.

LA MUSIQUE ET LES PHILOSOPHES AU DIX-HUITIÈME SIÈCLE; une brochure in-8°, en vente à la librairie J. Baur, 11, rue des Saints-Pères.

EN PRÉPARATION :

GŒTHE ET LA MUSIQUE, SES OPINIONS, SON INFLUENCE, LES ŒUVRES QU'IL A INSPIRÉES; un volume in-12.

LA MUSIQUE FRANÇAISE AU DIX-HUITIÈME SIÈCLE : SACCHINI ET SALIERI, MOZART A PARIS, FAVART ET GLUCK; un volume in-12.

L'OPÉRA SOUS L'ANCIEN RÉGIME, 1770-1793; un volume in-12.

Paris. — Imprimerie Alcan-Lévy, 61, rue de Lafayette.

ADOLPHE JULLIEN

HISTOIRE DU THÉATRE

DE MADAME

DE POMPADOUR

DIT

THÉATRE DES PETITS CABINETS

Avec une eau-forte de Martial, d'après Boucher

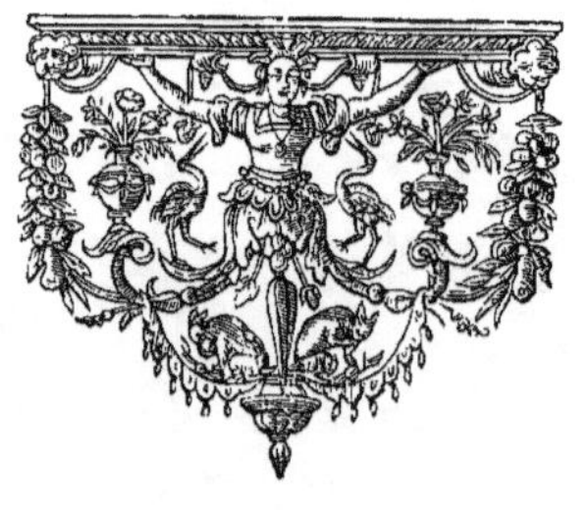

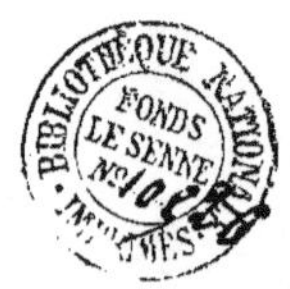

PARIS

J. BAUR, ÉDITEUR

Librairie de la Société de l'Histoire de l'Art français

11, RUE DES SAINTS-PÈRES, 11

M D CCC LXXIV

Extrait de *la Chronique musicale.*

Tiré à 250 exemplaires.

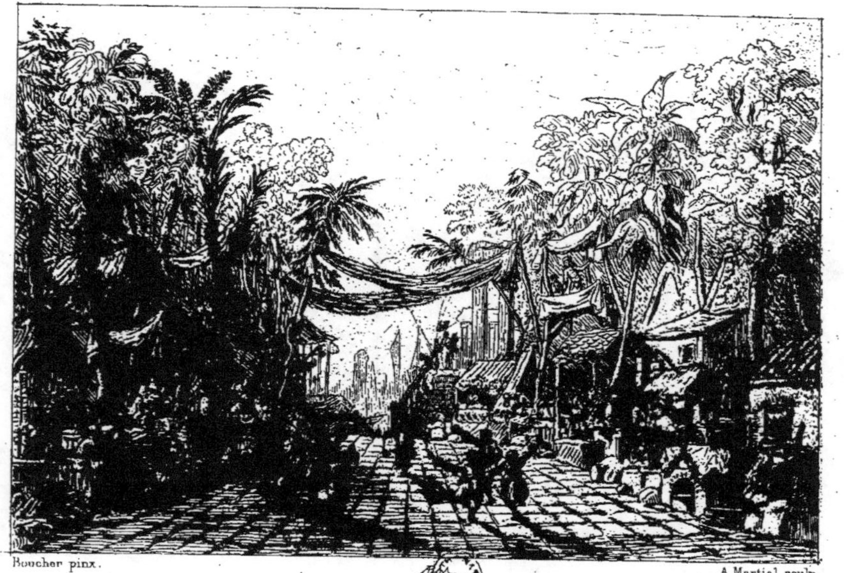

Boucher pinx. A. Martial sculp.

LE BALLET

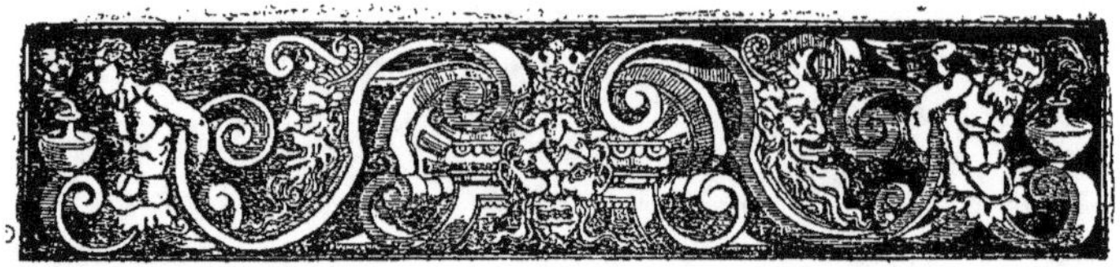

HISTOIRE

DU

THÉATRE DE MADAME DE POMPADOUR

DIT

THÉATRE DES PETITS CABINETS

CHAPITRE PREMIER

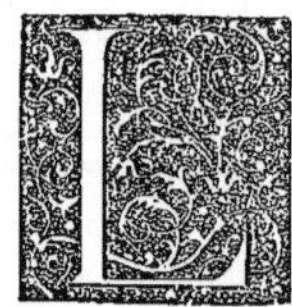

Le roi s'ennuyait. Comme autrefois madame de Maintenon, madame de Pompadour s'apercevait de la difficulté qu'il y avait à distraire un prince las de plaisirs. Il fallait pourtant, si elle voulait conserver son crédit, qu'elle tînt toujours en éveil l'esprit fatigué du roi. Qu'il eût un seul moment à donner à la réflexion, et la marquise risquait de perdre son pouvoir qui datait déjà de trois ans. De l'ennui à l'inconstance il n'y a qu'un pas, et le roi l'aurait bientôt franchi s'il s'était offert à lui une jeune femme capable d'éclipser un seul jour madame de Pompadour.

Pour réveiller l'amour allangui de Louis XV, la belle marquise fit appel aux gracieux talents qui lui avaient jadis assuré le premier rang dans la société parisienne. Déjà, à l'époque de la semaine sainte, elle avait organisé dans son appartement des concerts spirituels où elle avait charmé le maître en chantant des morceaux de musique religieuse avec des dames de la cour, mais la musique sacrée ne pouvait être qu'un passe-temps de carême et Louis XV s'était vite lassé de cette distraction un peu sévère. Le chant ne suffisant plus, elle se présenterait à son royal amant sous un jour encore plus séduisant, dans tout l'éclat de l'appareil théâtral : elle jouerait la comédie.

La nature avait merveilleusement servi madame de Pompadour pour le rôle qu'elle désirait remplir. Jamais enfant n'avait montré de plus heureuses dispositions que la petite Antoinette Poisson. A la gentillesse, à la grâce, à la beauté, elle joignait une intelligence extrêmement vive, un esprit plein de finesse et d'à-propos. Une éducation princière n'avait fait qu'accroître les précieux dons d'une enfant aussi richement douée. Jeune fille, elle avait grandi au milieu des maîtres de toutes sortes; le fameux Jélyotte lui avait enseigné le chant; Guibaudet, la danse; Crébillon et Lanoue, la déclamation. C'était le fermier général Le Normand de Tournehem, oncle de son futur mari, qui présidait à son éducation avec une sorte de passion. Il avait pris en vive affection les deux enfants de Poisson, Jeanne-Antoinette et Abel-François, devenu plus tard, grâce à sa sœur, marquis de Marigny; il les aimait et les choyait comme un père: les méchantes langues disaient qu'il n'y avait rien là que de *naturel*.

Antoinette Poisson se vit bientôt fort recherchée; elle allait beaucoup dans le monde et y obtenait les succès les plus flatteurs pour l'amour-propre d'une jeune fille. Elle devait cette faveur à son double titre de musicienne distinguée et de jolie femme, la plus jolie peut-être de Paris. Et encore les triomphes que remportait mademoiselle Poisson n'étaient-ils que le prélude de ceux que devait obtenir madame Le Normand d'Étiolles.

Le président Hénault la vit alors dans toute sa gloire et la peint comme une merveille à madame du Deffand. Ses lettres sont même assez curieuses à cet égard, en ce qu'elles enseignent quel empire cette jeune femme de vingt et un ans exerçait même sur les gens de l'esprit le plus sérieux. Voyez plutôt comme le président change de ton vis-à-vis d'elle du jour au lendemain.

« Vous devinez où je soupe ce soir? écrit-il à son amie le 17 juillet 1742. A propos, je crois que je vous l'ai déjà dit, chez mon cousin Montigny; mais les convives, vous ne les savez pas : M. Dufort, personnage essentiel dans les circonstances présentes pour vous envoyer des brochures (il était fermier général et directeur des postes); madame d'Aubeterre, madame de Sassenage, et notre Picarde gasconne brochant sur le tout; *une* madame d'Étiolles, Jélyotte, etc. »

Et le lendemain : « Je trouvai là une des plus jolies femmes que j'aie jamais vues: c'est madame d'Étiolles; elle sait la musique parfaitement bien, elle chante avec toute la gaieté et le goût possibles, sait cent chansons et joue la comédie à Étiolles, sur un théâtre aussi beau que celui de l'Opéra, où il y a des machines et des changements. »

C'était l'oncle par alliance d'Antoinette, Le Normand de Tournehem, qui avait fait construire ce joli théâtre à Étiolles pour donner occasion à sa charmante nièce d'étaler les merveilleux talents dont il avait eu soin de la parer. Madame d'Étiolles jouait encore la comédie à Chantemerle chez son amie madame de Villemur, mariée aussi à un financier. Sa réputation de comédienne s'était rapidement assise dans le monde des lettres et de la finance : de grands seigneurs même avaient sollicité l'honneur de l'entendre et de l'applaudir. Il n'était partout question que de son talent et de sa beauté.

Ces triomphes passés lui revinrent en mémoire quand elle s'ingéniait à trouver quelque plaisir pour distraire le roi et réveiller sa passion endormie. Elle adopta aussitôt cette idée : elle décida de faire construire un petit théâtre dans le palais de Versailles, d'y jouer elle-même la comédie devant le roi et un cercle d'intimes. Le duc de Richelieu, qui l'avait applaudie à Chantemerle, et surtout le duc de Nivernois et le duc de Duras, qui avaient joué la comédie avec elle, la secondèrent avec empressement dans le désir qu'elle avait de développer aux yeux du roi tous ses moyens de séduction. Une galerie du palais, près de laquelle se trouvait le cabinet des médailles, fut promptement transformée en une salle de spectacle qui prit le nom de *Théâtre des petits cabinets* (1).

De concert avec le roi, la marquise s'occupa tout d'abord de rédiger les statuts de ce théâtre, et au bout de quelques jours elle promulguait le règlement suivant, approuvé par Louis XV :

STATUTS

1er *relatif à l'admission.* Pour être admis comme sociétaire, il faudra prouver que ce n'est pas la première fois que l'on a joué la comédie, pour ne pas faire son noviciat dans la troupe.

2. Chacun y désignera son *emploi.*

3. On ne pourra, sans avoir obtenu le consentement de tous les sociétaires, prendre un emploi différent de celui pour lequel on a été agréé.

4. On ne pourra, en cas d'absence, se choisir un double (droit expressément réservé à la Société, qui nommera à la majorité absolue).

5. A son retour, le remplacé reprendra son emploi.

6. Chaque sociétaire ne pourra refuser un rôle affecté à son emploi, sous prétexte que le rôle est peu favorable à son jeu ou qu'il est trop fatigant.

(1) Dans son intéressante histoire de madame de Pompadour, M. Campardon a consacré un chapitre à ces divertissements. C'est la lecture de ce chapitre attrayant qui nous a donné l'idée d'écrire une histoire complète du théâtre de la marquise, et ce résumé nous a été d'une grande utilité pour nos recherches.

(Ces six premiers articles sont communs aux *actrices* comme aux *acteurs.*)

Voici les articles relatifs uniquement aux *actrices :*

7. Les *actrices* seules jouiront du droit de choisir les ouvrages que la *troupe* devra représenter.

8. Elles auront pareillement le droit d'indiquer le jour de la représentation, de fixer le nombre des répétitions, et d'en désigner le jour et l'heure.

9. Chaque *acteur* sera tenu de se trouver à l'heure *très-précise* désignée pour la répétition, sous peine d'une *amende* que les *actrices* seules fixeront entre elles.

10. On accorde aux *actrices seules* la *demi-heure* de grâce, passé laquelle l'amende qu'elles auront encourue sera décidée par elles seules.

Copie de ces *statuts* sera donnée à chaque secrétaire, ainsi qu'au *directeur* et au *secrétaire*, qui sera tenu de les apporter à *chaque répétition.*

La troupe n'avait pas tardé à se compléter. En voici la première composition, avant qu'elle eût l'idée de chanter l'opéra :

Le duc d'Orléans, alors duc de Chartres, le duc d'Ayen, le duc de Nivernois, le duc de Duras, le comte de Maillebois, le marquis de Courtenvaux, le duc de Coigni, le marquis d'Entraigues; — la marquise de Pompadour, la duchesse douairière de Brancas, une charmante douairière de trente-huit ans, la comtesse d'Estrades, la marquise de Livry, et madame de Marchais, fille du fermier général de Laborde, mariée en premières noces à Marchais, fils de Binet, valet de chambre du roi, devenue plus tard madame d'Angevilliers.

Dans sa première assemblée, la troupe choisit pour directeur le duc de la Vallière; pour sous-directeur, le lecteur de la reine, l'académicien Moncrif; pour secrétaire et souffleur, l'abbé de la Garde, secrétaire de madame de Pompadour et son bibliothécaire.

Le chef d'orchestre ordinaire était le célèbre Rebel, l'un des petits violons; mais dans les opéras l'auteur de la musique avait le droit de diriger l'exécution de son ouvrage.

L'orchestre était composé à peu près d'un tiers d'amateurs et de deux tiers d'artistes de la musique du roi. Le nombre des musiciens, d'abord fort restreint, augmenta sensiblement les années suivantes; nous donnons à la fin un tableau comparatif des musiciens pendant les deux premières années et pendant les deux dernières : les noms des amateurs sont respectueusement précédés du titre nobiliaire ou du mot *monsieur*, les musiciens de profession sont indiqués sous la simple rubrique *le sieur*. Parmi les premiers on remarquait surtout un cousin de la marquise qui tenait le clavecin, M. Ferrand, intéressé pour un huitième dans la ferme des postes. Cet amateur composait à ses moments perdus; il fit représenter sur ce théâtre un opéra de *Zélie* dont il avait écrit la musique sur un poëme de Cury.

Les chœurs chantants étaient divisés en deux parties : *côté du roi* et *côté de la reine.* Ils étaient tous choisis — à l'ancienneté — dans les différents artistes de la musique du roi ; pour éviter toute jalousie sur la prééminence des talents, on ne consultait que la date de réception. Durant les deux premières années, le chiffre des choristes ne s'éleva pas au-dessus de treize.

Côté du Roi.		*Côté de la Reine.*	
Les srs Camus, Gérôme	dessus.	Les srs Dupuis, Falco, Francisque	dessus.
Daigremont	taille.	Richer	taille.
Le Bègue	haute-contre.	Bazire, Poirier	hautes-contre.
Godonesche, Ducros	basses.	Benoist	basse.

Cependant, la partie musicale prenant tous les jours plus d'importance dans ces divertissements, leur nombre augmenta comme celui des musiciens de l'orchestre, et durant les deux dernières années, ils furent le plus souvent vingt-six choristes chantants. Dès lors, il y eut besoin d'un chef spécial pour les diriger et les surveiller. Ce fut Bury qui fut chargé de cet emploi. Sur ce nombre, il ne paraissait en scène que deux femmes et deux hommes de chaque côté ; les autres chanteurs bordaient les coulisses en dehors du théâtre.

Côté du Roi.		*Côté de la Reine.*	
Les dlles De Selle, Canavas, Ducros	dessus.	Les dlles Godonesche, Daigremont, Bezin	dessus.
Les srs Camus, Gérôme	dessus.	Les srs Falco, Francisque, Benoist fils	dessus.
Le Bègue, Poirier	htes-contre.	Bazire, Dugué	htes-contre.
Daigremont, Cardonne	tailles.	Richer, Tavernier	tailles.
Benoist, Ducros, Dupuis, Joguet	basses.	Godonesche, Dubourg, Doufin	basses.

Voici une pièce du temps, inédite, qui nous renseignera sur les rémunérations que recevaient ces artistes. Elle est intitulée : *Requeste de Godoneche, musicien ordinaire de la musique du Roy, à messieurs les premiers valets de chambre de S. M* (1).

C'est à vos bontés que je dois
L'honneur de vous donner quittance
Pour les cent francs que tous les mois
Le Roy par vos mains me dispense.
Jadis garçon, pareille somme
Auroit mis le comble à mes vœux :
Mais d'une femme je suis l'homme
Et père de cinq malheureux
Qui veulent que je leur partage
Quatre louis et quatre francs.
Le plus jeune fait du tapage
S'il n'est traité comme les grands.
Cinq fois vingt francs font bien le compte.
Mais l'or les a tous éblouis.
Plus de papa ! je les affronte
Si chacun ne tient son louis.
Messieurs, la paix dans la maison
Dépend du sort de cette épistre ;
Vingt francs de plus sur le registre
Les mettroit tous à la raison.

Quand il fut question de jouer des actes d'opéra, Dehesse, le célèbre acteur de la Comédie italienne, fut choisi pour être maître de ballet de la troupe. La danse, dont il devait choisir les sujets, était composée de jeunes gens, filles et garçons, de neuf à douze ans inclusivement. Passé cet âge, ils se retiraient et jouissaient du droit d'être placés selon leur talent — mais sans autre début — soit à l'Opéra, soit dans les ballets du Théâtre-Français ou de la Comédie italienne.

Les garçons étaient MM. La Rivière, Béat, Gougis, Rousseau, Berteron, Lepy, Caillau, Barrois, Balletti, Piffet et Dupré. Les filles : mesdemoiselles Puvigné, Dorfeuille, Marquise, Chevrier, Astraudi, Durand, Foulquier et Camille. Caillot devint plus tard l'un des premiers chanteurs de la Comédie italienne; quant aux jeunes filles, elles se firent rapidement un nom dans les fastes du théâtre et de la galanterie.

(1) Bibliothèque nationale, *manusc*, *Clairambault*, 1750. — Nous supprimons les quatre derniers vers qui, étant de douze pieds et n'ayant aucun rapport avec les précédents, ont été certainement placés là par erreur.

Il n'y avait que quatre *danseurs seuls :* le marquis de Courtenvaux, 1er danseur; le comte de Langeron, en double et 2e danseur; puis le duc de Beuvron et le comte de Melfort.

Lors de ses débuts lyriques, la troupe des petits cabinets ne comptait que trois acteurs capables de chanter : la duchesse de Brancas, madame de Pompadour et le duc d'Ayen. Tous les actes de musique ne devaient réunir que ce nombre de personnages; ainsi fit-on dans *Erigone,* dans *Eglé*, dans *Ismène.* Plus tard, les ressources musicales du théâtre s'accrurent par l'admission de madame Trusson, de madame de Marchais, par les débuts du vicomte de Rohan et du marquis de la Salle.

Les répétitions avaient lieu soit à Choisy, chez la marquise, soit à Paris, aux Menus-Plaisirs, ou chez l'un des sociétaires. Les représentations commençaient vers le milieu de novembre, au retour de Fontainebleau, après les grandes chasses d'automne. Elles se continuaient jusqu'au carême, se succédant à des intervalles irréguliers, selon les affaires ou les plaisirs du roi : Mesdemoiselles Gaussin et Dumesnil, de la Comédie-Française, dirigeaient parfois les répétitions et conseillaient les actrices encore novices.

Les artistes les plus illustres avaient contribué à embellir ce petit théâtre. Pérot avait peint les décorations, Boucher en brossa même quelques-unes, et les trucs des machines étaient dus à Arnould et à Tremblin; Perronnet dessinait les costumes que Renaudin et Mériotte préparaient pour les hommes, Supplis et Romain pour les dames. Le perruquier des Menus-Plaisirs, Notrelle, était chargé des coiffures; le fameux Notrelle, l'*artiste* le plus renommé de la capitale, qui, quelques années après, faisait insérer dans un almanach cette réclame ébouriffante : « Le sieur Notrelle, perruquier des Menus-Plaisirs du roi et de tous les spectacles, place du Carrousel, a épuisé les ressources de son art pour imiter les perruques des dieux, des démons, des héros, des bergers, des tritons, des cyclopes, des naïades, des furies, etc. Quoique ces êtres, tant fictifs que vrais, n'en aient pas connu l'usage, la force de son imagination lui a fait deviner quel eût été leur goût à cet égard, si la mode d'en porter eût été de leur temps. A ces perruques sublimes il a joint une collection de barbes et de moustaches de toutes couleurs et de toutes formes, tant anciennes que modernes (1). »

Le roi s'était réservé le droit de désigner les spectateurs, et c'était une faveur insigne d'avoir été choisi par lui, surtout quand on voyait le ma-

(1) *Etat actuel de la musique du Roi*, 1767, p. 103. « Avis aux amateurs de spectacles. »

réchal de Noailles et le comte, son fils, le duc de Gesvres et le prince de Conti ne pouvoir assister à l'inauguration de ce théâtre en miniature. On se relâcha peu à peu de cette sévérité, et le nombre des spectateurs augmentant toujours, force fut plus tard de construire une salle plus grande, puis d'y faire encore des additions (1).

Dans le principe, l'auteur de la pièce jouée ne pouvait assister à la représentation de son ouvrage; mais madame de Pompadour, toujours désireuse de se concilier l'amitié des gens de lettres, fit lever cet interdit et accorda même des entrées perpétuelles aux auteurs des pièces jouées ou désignées pour l'être. A l'origine encore, les actes d'opéra n'étaient point imprimés : M. de la Vallière, comme directeur, présentait au roi l'auteur des paroles qui les remettait manuscrites au prince.

Les acteurs, qu'ils jouassent ou non dans la pièce, avaient l'entrée libre dans la salle. Les actrices qui ne jouaient pas se plaçaient dans une loge située le long des coulisses, et bien que, en droit, il ne dût pas y avoir d'autres femmes comme spectatrices, madame de Pompadour s'était réservé deux places dans cette loge, dont l'une était toujours occupée par madame de Mirepoix, en faveur de qui on avait fait une éclatante exception ; quelquefois encore mesdames d'Estrades, de Roure ou autres amies de la marquise parvenaient à forcer la consigne et triomphaient du règlement.

(1) Le *Magasin pittoresque* a publié, en 1842, une petite carte tirée des estampes de la Bibliothèque nationale, sous cette mention : *Carte d'entrée au théâtre des petits appartements*. MM. de Goncourt et Campardon l'ont décrite sous le même titre. Nous avons de fortes raisons de croire que c'est là une erreur. Le mot *parade*, inscrit en grosses lettres sur cette carte, ne convient aucunement au théâtre de madame de Pompadour, où l'on n'en joua jamais ; de plus, à la date de 1759, ces spectacles avaient cessé depuis six ans. Par son caractère, par la date, par le choix des personnages représentés, Pierrot, Léandre, Colombine, cette carte conviendrait bien mieux aux spectacles où l'on jouait des parades, comme ceux de la Guimard, des demoiselles Verrières, et surtout du duc d'Orléans.

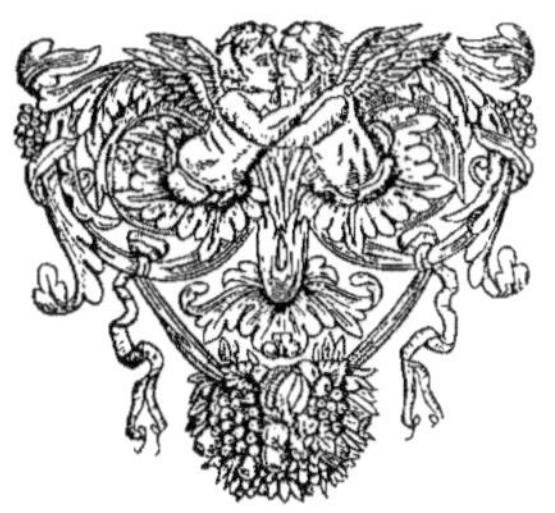

CHAPITRE II

PREMIÈRE ANNÉE.

17 Janvier — 18 Mars 1747.

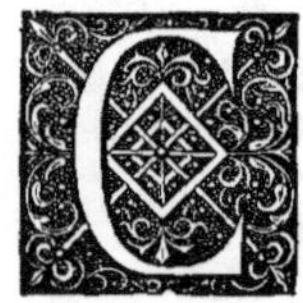

Ce fut Molière qui eut l'honneur d'inaugurer le théâtre des petits cabinets. Le mardi 17 janvier 1747, on y représenta *Tartufe*, que l'on avait répété à Choisy dans un voyage organisé exprès pour pouvoir s'exercer à loisir. Le duc de Luynes a laissé un récit détaillé de cette première représentation.

Les actrices étaient : Madame de Pompadour, madame de Sassenage, madame la duchesse de Brancas et madame de Pons. Les acteurs : M. de Nivernois, M. d'Ayen, M. de Meuse, M. de la Vallière, M. de Croissy, qui joua même fort bien ; je crois que j'en oublie quelques-uns. Il y avait fort peu de spectateurs : le roi, madame d'Estrades, madame de Roure et M. le maréchal de Saxe, et je crois M. de Tournehem, M. de Vandières, Champcenetz et son fils, quelques autres domestiques du roi ; en tout il n'y avait que quatorze personnes, il n'y avait point de musiciens de profession à l'orchestre, mais seulement M. de Chaulnes, M. de Sourches, avec quelques-uns de leurs domestiques qui sont musiciens, et outre cela M. de Dampierre, gentilhomme des Plaisirs. M. le maréchal de Noailles avait demandé avec instance à assister au petit spectacle ; il a été refusé ; M. le prince de Conti a été aussi refusé ; M. le comte de Noailles a extrêmement sollicité la même grâce sans l'obtenir, et comme il avait envie d'aller à Paris, il dit au roi qu'après un aussi grand dégoût il fallait bien qu'il prît le parti d'aller à Paris chercher à calmer sa douleur. Le roi lui répondit en badinant qu'il ferait fort bien. Il dit ensuite à M. le Dauphin : « Le comte de Noailles va à Paris se consoler entre les bras de sa femme d'un dégoût qu'il a eu à la cour. » M. le Dauphin voulut savoir ce que c'était que ce dégoût; le roi lui dit : « C'est un secret. » Le théâtre, comme je l'ai déjà marqué, est dressé dans la petite galerie; ce ne sont point les Menus qui se sont mêlés de cet ouvrage, ce sont les Bâtiments. M. de Gesvres, quoiqu'en année, est censé l'ignorer et n'a pas eu permission d'assister au spectacle (1).

Madame du Hausset rapporte dans ses *Mémoires* un trait qui montre quel prix les courtisans attachaient au moindre rôle, et comment ils témoignaient leur reconnaissance à qui pouvait leur en faire obtenir un, même le plus insignifiant.

Dans le temps qu'on jouait la comédie aux petits appartements, j'obtins, par un singulier moyen, une lieutenance de roi pour un de mes parents ; et cela prouve bien le prix que mettent les plus grands aux plus petits accès à la Cour. Madame n'aimait rien demander à M. d'Argenson ; et pressée par ma famille qui ne pouvait concevoir qu'il me fût difficile, dans la position où j'étais, d'obtenir pour un bon militaire un petit commandement, je pris le parti d'aller trouver M. le comte d'Argenson. Je lui exposai ma demande, et lui remis un mémoire. Il me reçut froidement, et me dit des choses vagues. Je sortis, et M. le marquis de V***, qui était dans son cabinet et qui avait entendu ma demande, me suivit : « Vous désirez, me dit-il, un commandement ; il y en a un de vacant qui m'est promis pour un de mes protégés ; mais si vous voulez faire un échange de grâce et m'en faire obtenir une, je vous le céderai. Je voudrais être *exempt de police,* et vous êtes à portée de me procurer cette place. » Je lui dis que je ne concevais pas la plaisanterie qu'il faisait. « Voici ce que c'est, dit-il, on va jouer *Tartufe* dans les cabinets, il y a un rôle d'exempt qui consiste en très peu de vers. Obtenez de madame la marquise de me faire donner ce rôle, et le commandement est à vous. » Je ne promis rien, mais je racontai l'histoire à Madame qui me promit de s'en charger. La chose fut faite; j'obtins mon commandement, et M. de V**** remercia Madame comme si elle l'eût fait faire duc.

Ce jeune seigneur si désireux de monter sur les planches à côté de la marquise, n'était autre que le marquis de Voyer, fils du comte d'Argenson, le ministre de la guerre, et neveu du marquis d'Argenson, qui venait de donner sa démission de secrétaire d'État aux Affaires étrangères, et qui marquait un profond dédain pour les récréations dramatiques de de Versailles. A coup sûr, le jeune marquis dut se passer, en cette circonstance, de l'approbation de son oncle.

(1) Nous aurons à citer souvent les Mémoires du duc de Luynes, ceux du marquis d'Argenson et la notice de Laujon sur le théâtre des petits cabinets. Pour éviter la répétition de notes monotones, nous n'indiquerons la date ou la page du volume que lorsque le jour de la représentation ne correspondra pas avec la date des Mémoires cités.

Le mardi 24 du même mois, on joua deux pièces : *le Préjugé à la mode* (1), de La Chaussée, et *l'Esprit de contradiction* (2), de Dufresny. Madame de Pompadour, M. de Nivernois, M. de Duras et M. de Croissy jouèrent au mieux, mais madame de Brancas, madame de Pons et M. de Gontaut parurent fort médiocres. Un nouvel élu fut admis ce soir-là au nombre des spectateurs, c'était M. de Grimberghen que la marquise aimait beaucoup. Après le souper qui suivit le spectacle, il y eut un petit bal où le roi dansa plusieurs contredanses, et madame de Pompadour un menuet avec M. de Clermont-d'Amboise.

Le lundi 27 février, le Dauphin et la Dauphine assistèrent pour la première fois à une de ces représentations : on donnait la comédie de Dancourt, *les Trois Cousines*, jouée à la Comédie-Française le 17 octobre 1700.

Le bailli....................................	*M. de la Vallière.*
De Lorme, père de Colette...............	*M. le duc de Villeroi.*
Blaise....................................	*M. le duc de Duras.*
M. de Lépine..........................	*M. de Luxembourg.*
M. Giflot..............................	
Colette.......... (*Mlle Desmares*)........	*Madame de Pompadour.*
La meunière..............................	*Madame de Brancas, douairière.*
Marotte ...... (*Mlle Dancourt l'aînée*).. } ses filles.	*Madame de Livry.*
Louison ...... (*Mlle Dancourt la cadette*). } ses filles.	*Madame de Pons.*
Mathurine........................	

Madame de Pompadour fut ravissante dans le rôle de Colette et fort bien secondée par les trois rôles d'hommes principaux; madame de Brancas parut jouer correctement, mais avec un peu de froideur. On représenta après un petit opéra en un acte, de Fuzelier pour les paroles, et de Bourgeois pour la musique; peut-être bien était-ce le ballet des *Amours déguisés*, dont la marquise avait un exemplaire dans sa riche collection de musique (3). Les jolies voix du duc d'Ayen, de la marquise

(1-2) Ouvrages joués à la Comédie-Française le 3 février 1735 et le 29 août 1700. Pour toute pièce jouée sur un théâtre public avant ou après son apparition sur le théâtre de la marquise, nous donnerons la date de cette représentation publique et — autant que possible — la distribution des rôles. Nous indiquerons les acteurs de profession entre parenthèses ou en notes, selon que la représentation publique aura précédé ou suivi celle du théâtre des petits cabinets.

(3) L'opéra-ballet des *Amours déguisés* avait été joué à l'Opéra le 22 août 1713. Le prologue et les deux premiers actes ne comptaient que deux chanteuses et un chanteur. C'était juste ce qu'il fallait alors pour le théâtre de la marquise; il est donc assez probable que c'est l'un de ces trois fragments qu'on exécuta ce soir-là à Versailles.

et de madame de Brancas, ne purent pas le préserver d'un insuccès, non plus que les danses de MM. de Courtenvaux, de Luxembourg, de Villeroi et de Clermont-d'Amboise qui les avait imaginées.

Les divertissements reprirent quinze jours plus tard. Le lundi 13 mars, on rejoua les *Trois cousines*, de Dancourt, avec deux acteurs nouveaux, le duc de Chartres et M. d'Argenson le fils. Ceux qui parurent les meilleurs furent toujours le duc de Villeroi dans les paysans, le duc de Duras et madame de Pompadour. Puis vint la première représentation d'un opéra en un acte de la Bruère et Mondonville, *Erigone* (1).

Erigone........	*Madame la marquise de Pompadour.*
Bacchus..........................	*M. le duc d'Ayen.*
Antonoé..........................	*Madame la duchesse de Brancas.*
Un suivant de Bacchus...........	*M. le marquis de La Salle.*

Danse : *M. le marquis de Courtenvaux et M. le marquis de Langeron,* (Sylvains), et le corps de ballet.

Ce petit opéra parut extrêmement joli et obtint un tel succès que le roi le fit rejouer le samedi 18, devant la reine, qu'il avait priée de vouloir bien assister au spectacle des petits cabinets, en lui demandant de n'amener avec elle que madame de Luynes et M. de la Mothe. On donna une deuxième représentation d'*Erigone*, précédée d'une reprise du *Préjugé à la mode*, ainsi distribué :

Dorval..........................	*Le duc de Duras.*
Damon...........	*Le comte de Maillebois.*
Argant...........................	*M. de Croissy.*
Clitandre..........	*M. d'Argenson le fils.*
Damis.....................	*M. de Coigny le fils.*
Henri............................	*Le marquis de Gontaut.*
Constance........................	*Madame de Pompadour.*
Sophie.......	*Madame de Pons.*
Florine..........................	*Madame de Livry.*

Le duc de Duras et madame de Pompadour montrèrent un réel talent dans leurs rôles si difficiles, MM. de Maillebois et de Croissy furent également fort applaudis, et le méritèrent, bien que le dernier jouât d'une manière un peu trop forcée. Madame de Livry s'en tira fort bien..... pour elle.

Après la comédie, on joua le petit opéra de Mondonville, écrit le duc de Luynes. Il n'y a, comme je l'ai dit, que trois acteurs. Madame de Pompa-

(1) Cet opéra forma plus tard le second acte de l'opéra des *Fêtes de Paphos*, de Collé, La Bruère et Voisenon, musique de Mondonville, joué à l'Opéra le 9 mai 1758.

dour chanta tout au mieux ; elle n'a pas un grand corps de voix, mais un son fort agréable, de l'étendue même dans la voix ; elle sait bien la musique, et chante avec beaucoup de goût ; elle fait Erigone. Madame de Brancas, qui fait Antonoé, joue assez bien ; elle a une grande voix, mais elle ne chante pas avec la même grâce que madame de Pompadour, et en tout sa voix n'est pas flexible. M. d'Ayen faisait Bacchus ; sa voix est son ouvrage : il s'est formé une basse-taille assez étendue, mais déparée, parce qu'il parle gras et que ses cadences ne sont pas agréables ; outre cela, quelquefois sa voix baisse un peu en chantant ; d'ailleurs, il chante avec goût et en musicien. Les danses, qui sont faites par Deshayes, de la Comédie italienne, sont fort jolies ; il n'y a de femme qui danse que madame de Pompadour. Les hommes sont M. le duc de Chartres, M. le duc de Villeroy, M. de Luxembourg, M. de Coigny le fils, M. de Guerchy, Champcenetz le fils, M. de Clermont-d'Amboise, le frère, et M. de Courtenvaux ; ces deux derniers pour les danses hautes et les entrées. M. de Courtenvaux, qui est grand musicien, danse avec une légèreté, une justesse et une précision admirables. Madame la Dauphine, qui étoit enrhumée, ne put pas venir à ce petit spectacle ; ainsi il n'y avoit que le Roi, la Reine, M. le Dauphin et Mesdames, mais sans aucune représentation ; le Roi et la Reine, sur des chaises à dos ; M. le Dauphin et Mesdames sur des pliants. Il n'y avait ni officier des gardes, ni capitaine des gardes derrière. M. le maréchal de Noailles y étoit comme amateur ; M. le comte de Noailles, M. le maréchal de Saxe, M. de Grimberghen et moi, M. et madame de Bachi ; d'ailleurs madame de Luynes, M. de la Mothe, madame la maréchale de Duras, M. d'Aumont.

Cette belle soirée termina la première saison théâtrale des petits cabinets. Les nobles acteurs avaient récolté de nombreux bravos ; ceux qui les avaient secondés en furent richement récompensés, à ce que rapporte le marquis d'Argenson dans ses *Mémoires*, à la date du 17 avril : « On a donné deux mille livres à chacun des auteurs pour les paroles et pour la musique d'un mauvais ballet qui s'est donné à la louange de madame de Pompadour ; on a donné deux mille écus à Deshayes, acteur italien qui fait les ballets des petites comédies du roi à Versailles. On crie de tout cela, et avouons que les dépenses ne sont guère en proportion avec les conjonctures du temps présent. »

La marquise avait été, à tous égards, l'héroïne de ces divertissements. Elle était apparue au roi sous le double aspect d'une comédienne exquise et d'une habile cantatrice ; tant de grâces réveillèrent l'amour un peu assoupi du monarque. Madame de Pompadour avait atteint son but et raffermi son pouvoir.

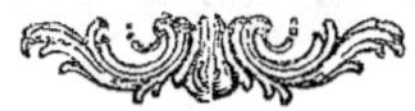

CHAPITRE III

DEUXIÈME ANNÉE.

20 *Décembre* 1747. — 30 *Mars* 1748.

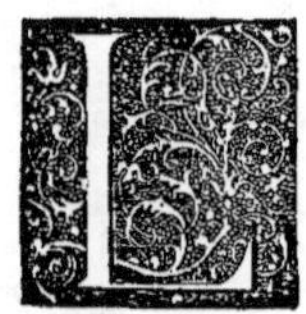

Les spectacles ne recommencèrent qu'à l'hiver. Ce relâche fut employé à faire dans la salle quelques améliorations : on agrandit l'espace réservé pour le roi et les spectateurs, on plaça l'orchestre entre ceux-ci et la scène (disposition normale qui nuisit beaucoup aux acteurs et actrices qui avaient la voix faible), on construisit encore derrière le théâtre un retranchement dans lequel deux dames pouvaient s'habiller, et plus loin, sur le palier de l'escalier de marbre, un autre cabinet volant assez grand, avec des poêles, pour que les hommes pussent s'habiller sans se refroidir. Enfin on attribua aux acteurs moins considérables le cabinet dit des médailles. On modifia aussi la composition de l'orchestre : il fut augmenté de deux violons, d'un basson, d'une flûte, d'un hautbois et d'un violoncelle joué par l'ancien maître à chanter de la marquise, le célèbre Jélyotte.

La réouverture du théâtre eut lieu le mercredi 20 décembre : le spectacle commença à cinq heures et demie, le roi étant revenu exprès de bonne heure de la chasse. Au moment où la toile se levait, MM. de Nivernois et de la Vallière représentèrent le prologue suivant auquel le roi ne s'attendait en aucune façon.

M. DE NIVERNOIS, à l'orchestre qui joue.

Un moment, s'il vous plaît. (Appelant.) *Monsieur le directeur!*
(A l'orchestre qui continue.)
Messieurs, arrêtez donc! (Appelant.) *Monsieur de La Vallière!*

M. DE LA VALLIÈRE, derrière le théâtre.

Eh bien?

M. DE NIVERNOIS.

Hé! venez donc.

M. DE LA VALLIÈRE.

Que voulez-vous, monsieur?

M. DE NIVERNOIS.

Ce que je veux? Question singulière.

M. DE LA VALLIÈRE.

Mais expliquez-vous donc!

M. DE NIVERNOIS.

Je ne vous conçois pas;
Pour un grand directeur, la faute est bien grossière!

M. DE LA VALLIÈRE.

Quelle faute?

M. DE NIVERNOIS.

Je veux vous le dire tout bas.

M. DE LA VALLIÈRE.

Parlez, monsieur, criez, je meurs d'impatience.

M. DE NIVERNOIS.

Seigneur, qu'est devenu' votre auguste prudence?

M. DE LA VALLIÈRE.

Quoi donc?

M. DE NIVERNOIS.

Hé! que vous sert ce maintien effaré?
Vous oubliez...

M. DE LA VALLIÈRE.

Quoi donc?

M. DE NIVERNOIS.

Soyez désespéré.

M. DE LA VALLIÈRE.

Pourquoi?

M. DE NIVERNOIS.

Vous oubliez.... distraction funeste!

M. DE LA VALLIÈRE

J'oublie... Eh bien! j'oublie....

M. DE NIVERNOIS.

Un devoir manifeste.

M. DE LA VALLIÈRE.

Moi?

(Successivement, tous les acteurs viennent être spectateurs de cette scène entre M. le duc de La Vallière et M. le duc de Nivernois.)

M. DE NIVERNOIS.

Rouvrant un théâtre, on doit premièrement
Signaler ce grand jour par un beau compliment,

Toujours le directeur, chargé de la harangue...
Pensez, imaginez, déployez votre langue.

M. DE LA VALLIÈRE.

Que dirois-je, Seigneur ! mon tort est avéré.

M. DE NIVERNOIS.

Commencez donc !

M. DE LA VALLIÈRE.

Eh quoi ! sans être préparé?

M. DE NIVERNOIS.

N'importe, il faut du moins signaler votre zèle.

M. DE LA VALLIÈRE, après un silence et de grandes révérences à l'assemblée.

Essayons, car....

M. DE NIVERNOIS.

Fort bien !

M. DE LA VALLIÈRE.

Ma frayeur est mortelle.

M. DE NIVERNOIS.

La troupe attend de vous un discours enchanteur.

M. DE LA VALLIÈRE, s'adressant au Roi.

Le désir de briller n'a rien qui nous inspire;
Ici, nous pouvons tous le dire,
Le zèle et les talents sont l'ouvrage du cœur.

(M. de La Vallière et le reste de la troupe font la révérence, et le prologue finit.)

Ce compliment de Moncrif une fois débité, le spectacle commença. Le programme annonçait une comédie, *le Mariage fait et rompu*, de Dufresny, jouée au Théâtre-Français le 14 février 1721, et une pastorale, *Ismène*, paroles de Moncrif, musique de Rebel et Francœur.

Le Président......	*(Dangeville)*...........	*Le comte de Maillebois.*
La Présidente.....	*(Mlle Champvallon)*.....	*La duchesse de Brancas.*
La Tante..........	*(Mlle Gautier)*....	*La marquise de Sassenage.*
La Veuve..........	*(Mlle Jouvenot)*........	*La comtesse de Pons.*
Valère............	*(Dufresne)*...........	*Le marquis de Voyer.*
Glacignac.........	*(Poisson fils)*...........	*Le duc de Nivernois.*
Le faux Damis....	*(Quinault l'aîné)*.......	*Le duc de Duras.*
Ligournois........	*(Duchemin)*............	*Le marquis de Croissy.*
L'Hôtesse....	*(Mme Deshayes)*.......	*La comtesse de Livry.*
Le Notaire........	*(Du Boccage)*..........	*Le mis de Clermont-d'Amboise.*

Les acteurs qui réussirent le mieux furent : M. de Clermont-d'Amboise, M. de Duras, à qui on reprocha cependant un débit trop précipité, et

2

M. de Nivernois qui joua supérieurement son rôle de Gascon. Après que la comédie fût finie, l'orchestre joua quelque temps, pendant lequel madame de Pompadour, qui avait été spectatrice, alla se préparer pour être actrice dans *Ismène,* où Moncrif n'avait pas manqué de célébrer ses louanges dans des compliments tels que celui-ci :

Dans les jeux que pour vous on prend soin de former,
Vos talents enchanteurs vous font mille conquêtes ;
Ce fut pour couronner votre art de tout charmer
Que l'Amour inventa nos fêtes.

Cette pièce parut extrêmement jolie et fut chantée à ravir par la marquise-Ismène, le duc d'Ayen-Daphnis, et madame Trusson, femme de chambre de la Dauphine, qui remplaçait madame de Marchais, fort enrhumée, dans le rôle de Chloé. M. de Courtenvaux dansa avec sa grâce habituelle, et l'on approuva fort l'innovation de faire danser les ensembles par des jeunes gens et jeunes filles qui « remplissaient moins le théâtre. » Après la représentation, le roi adressa ses compliments à Rebel qui venait de conduire l'orchestre, et à Moncrif que le duc de La Vallière lui présenta; puis il sortit en disant : « Voilà un charmant spectacle (1). »

Le public de Paris ne confirma pas le jugement royal, et lorsqu'on représenta *Ismène* à l'Opéra, le 28 août 1750, avec Chassé, mesdemoiselles Coupé, Jacquet, et le célèbre Vestris dans le rôle du faune, le mécontentement général se traduisit par ce médiocre couplet :

Ismène *est toujours misérable,*
L'Aurore *nous a fait pitié.*
Les actes s'en allaient au diable
Sans Misis et la jeune Églé.
Hélas! si la fête lirique
N'offre plus qu'un triste tableau
Composé de platte musique,
C'est qu'on n'y trouve plus Rameau (2).

Le samedi 30 décembre, la troupe des petits cabinets représenta *l'Enfant prodigue* de Voltaire, et une petite comédie de Cahusac, *Zénéide* (3).

(1) Laujon, *Avertissement d'Églé.*
(2) Bibliot. nationale. *Manusc. Clairambault,* fév. 1751.
(3) *L'Enfant prodigue* avait été joué à la Comédie-Française le 10 octobre 1736, et *Zénéide* le 13 mai 1743.

Acteurs dans *l'Enfant prodigue* :

Euphémon père..............	*Le duc de la Vallière.*
Euphémon fils................	*Le duc de Nivernois.*
Fierenfat.....................	*Le marquis de Croissy.*
Rondon......................	*Le duc de Chartres.*
Lise..........................	*La marquise de Pompadour.*
Marthe......................	*La comtesse de Livry.*
La baronne de Croupignac.....	*La duchesse de Brancas.*
Jasmin......................	*Le marquis de Gontaut.*
Un Laquais..................	*Le marquis de Clermont-d'Amboise.*

Dans *Zénéide* :

La Fée......................	*La duchesse de Brancas.*
Zénéide.....................	*La marquise de Pompadour.*
Gnidie......................	*La comtesse de Livry.*
Olinde......................	*Le duc de Nivernois.*

DANSE : *MM. de Courtenvaux, de Langeron*, et le corps de ballet.

Le duc de Chartres, dans le rôle de Rondon, M. de Gontaut, dans celui de Jasmin, M. de Nivernois, dans les deux pièces, et la charmante marquise-Zénéide furent les plus remarqués de la soirée. « Entre les deux pièces, — ajoute de Luynes — M. le marquis de la Salle, fils du maître de la garde-robe et qui a une charge dans les gendarmes, chanta un air du prologue des *Éléments*. Il a une basse-taille très belle. Il jouait l'année passée chez madame de la Mark, où il avoit fort bien réussi; hier c'étoit son début sur le théâtre des cabinets. »

C'était madame de Pompadour qui avait proposé et fait agréer la comédie de Voltaire. Elle avait gardé un agréable souvenir des auteurs dont la célébrité répandait le plus d'éclat dans la société de M. de Tournehem, et n'était pas moins empressée que son oncle à leur prouver sa reconnaissance; mais c'était chose assez difficile à l'égard de Voltaire qui avait contre lui toute la famille royale. La marquise tenta de faire cesser sa disgrâce et proposa de jouer *l'Enfant prodigue*. L'auteur n'apprit le succès de sa pièce que quelques jours après la représentation. En effet, les acteurs n'appelaient pas aux répétitions les auteurs dont les ouvrages avaient déjà paru sur des théâtres publics, mais la marquise trouva juste d'accorder leurs entrées dans le théâtre aux auteurs des pièces représentées (1). Le roi donna son consentement à cette proposition, et

(1) Laujon dit encore que Voltaire vint assister à la seconde représentation de son *Enfant prodigue*. Il se trompe, car il résulte du répertoire même du théâtre de madame de Pompadour, que cette comédie n'y fut donnée qu'une fois. En revanche, Voltaire assista à la représentation d'*Alzire*, qui y fut jouée le 28 février 1750.

l'on se pressa de l'annoncer à Voltaire, qui remercia la marquise de cette faveur en lui adressant de jolis vers, dans lesquels il la mettait sans façon sur le même rang que son auguste amant :

Ainsi donc vous réunissez
Tous les arts, tous les dons de plaire ;
Pompadour ! vous embellissez
La Cour, le Parnasse et Cythère.
Charme de tous les yeux, trésor d'un seul mortel !
Que votre amour soit éternel !
Que tous vos jours soient marqués par des fêtes !
Que de nouveaux succès marquent ceux de Louis !
Vivez tous deux sans ennemis !
Et gardez tous deux vos conquêtes !

De là grand scandale dans les sociétés de la reine et de Mesdames de France, où l'on s'éleva contre l'impertinence du poète. Le roi ne dissimula pas son mécontentement, et la marquise fut assez prudente pour sacrifier ce dangereux panégyriste.

Il était trop tard. Cet échec avait déjà réveillé la verve mordante des ennemis de la marquise. Le malencontreux madrigal fit naître mille épigrammes et d'innombrables chansons, où les invectives grossières remplacent trop souvent le sel et l'esprit. Voici deux couplets qui s'attaquent plus particulièrement à l'actrice et à la femme.

Elle veut qu'on prône
. . . .
La folle indécence
De son opéra,
Où, par bienséance,
Tout ministre va.
Il faut qu'on y vante
Son chant fredonné,
Sa voix chevrotante,
Son jeu forcené.

La contenance éventée,
La peau jaune et truitée,
Et chaque dent tachetée,
Les yeux fades, le col long ;
Sans esprit, sans caractère,
L'âme vile et mercenaire,
Le propos d'une commère,
Tout est bas chez la Poisson.

Ces couplets, improvisés dans un souper chez M. de Maurepas, coûtèrent cher à leurs auteurs : M. de Maurepas y perdit son ministère, et Pont de Veyle une sinécure de vingt-cinq mille livres, sur laquelle le roi eut encore la bonté de lui conserver une pension de mille écus. Voltaire non plus ne fut pas épargné, et l'on riposta vivement à ses vers de courtisan.

Après l'éloge qu'a dicté
La folie ou la malice,
Quel sort faut-il qu'il subisse,
L'auteur tant de fois notté?
La Bastille par charité,
Et Charenton par justice (1).

De Voltaire on revint à Molière, et *Tartufe* fut rejoué le mercredi 10 janvier 1748.

Mme Pernelle..	*(Béjart)*............	*La marquise de Sassenage.*
M. Orgon.....	*(Molière)*..........	*Le marquis de Croissy.*
Elmire.......	*(Mlle Molière)*......	*La duchesse de Brancas.*
Tartufe.......	*(Du Croisy)*........	*Le duc de la Vallière.*
Damis........	*(Hubert)*...........	*Le comte de Maillebois.*
Marianne.....	*(Mlle de Brie)*......	*La comtesse de Pons.*
Cléante.......	*(La Thorillière)*....	*Le marquis de Gontaut.*
Valère........	*(La Grange)*.......	*Le duc de Duras.*
Dorine........	*(Madeleine Béjart)*.	*La marquise de Pompadour.*
M. Loyal.....	*(De Brie)*..........	*Le marquis de Meuse.*
L'Exempt.....	....	*Le marquis de Voyer.*

La comédie avait commencé à cinq heures trois quarts ; on exécuta ensuite l'opéra d'*Ismène*, où madame Trusson, qui avait une assez jolie voix, se montra plus à son avantage que la première fois.

Le samedi 13, la troupe royale représenta *les Dehors trompeurs* ou *l'Homme du jour*, comédie de Boissy, jouée à la Comédie-Française le 18 février 1740, et un divertissement pastoral en un acte, *Eglé.* « L'auteur des paroles se nomme Laujon, écrit Luynes, et celui qui a fait la musique est un petit Lagarde, qui a tout au plus vingt ans. »

(1) Bibliothèque nationale, *manusc. Clairambault,* 1748.

Acteurs dans la comédie :

La Comtesse........	*La duchesse de Brancas.*
Lucile..............	*La marquise de Pompadour.*
Céliante...........	*La comtesse de Pons.*
Le Marquis.........	*Le duc de Nivernois.*
Le Baron...........	*Le duc de Duras.*
M. de Forlis........	*Le duc de Chartres.*
Lisette..............	*La comtesse de Livry.*
Champagne.........	*Le marquis de Gontaut.*
Un Laquais.........	*Le marquis de Clermont-d'Amboise.*

Acteurs dans la pastorale :

Eglé............................	*La marquise de Pompadour.*
La Fortune......................	*La duchesse de Brancas.*
Apollon, sous la figure de Mysis...	*Le duc d'Ayen.*
Un suivant de la Fortune..........	*Le marquis de Courtenvaux.*

Danse : *MM. de Courtenvaux* (un faune) et *de Langeron* (un berger) (1).

M. de Duras, M. de Nivernois et le duc de Chartres, se firent remarquer dans la comédie; la marquise fut, comme de juste, la reine de la fête, charmante comédienne dans la pièce et chanteuse adorable dans la pastorale. Elle déploya toute la naïveté dont elle était capable dans son joli rôle d'innocente déniaisée. Cependant, les auditeurs, le roi surtout, devaient avoir quelque peine à réprimer un sourire à certains passages, tels que celui-ci : « Vous êtes ingénue? — Oh ! beaucoup, » répond en rougissant la naïve Lucile.

Le programme du lundi 5 février annonçait trois ouvrages : *le Méchant*, de Gresset, *l'Oracle*, petite comédie de Saint-Foix, et une pantomime, *le Pédant*, où l'on se distribuait force taloches et coups de pied.

Si la troupe ne craignait pas d'aborder la haute comédie, ce n'était qu'après de longs soins et de fréquentes répétitions : c'est ainsi que la comédie de Gresset exigea deux mois entiers d'étude, mais la marquise avait promis au poète de jouer sa pièce sur le théâtre des petits cabinets, et elle voulait tenir parole. Gresset l'en remercia en ces termes :

On ne trace que sur le sable
La parole vague et peu stable
De tous les seigneurs de la cour;
Mais sur le bronze inaltérable
Les muses ont tracé le nom de Pompadour,
Et sa parole invariable.

(1) *Églé* fut représenté à l'Opéra le 18 février 1751, avec *Titon et l'Aurore*. Chassé jouait Apollon; mademoiselle Fel, Églé; et mademoiselle Jacquet, la Fortune. Dupré représentait le suivant de la Fortune.

Cette comédie était, comme on sait, composée tout entière de caractères peints d'après nature. Voici ce qu'écrivait à ce propos le marquis d'Argenson en décembre 1747, au moment où l'on commença de répéter cet ouvrage à la cour :

On apprend les rôles de la comédie du *Méchant*, par le sieur Gresset; plus je revois cette pièce à notre théâtre, plus j'y trouve des études faites d'après nature. Cléon ou le Méchant est composé du caractère de trois personnages que j'y ai bien reconnus : M. de Maurepas pour les tirades et les jugements précipités tant des hommes que des ouvrages d'esprit, le duc d'Ayen pour la médisance et le dedans de tous, et mon frère pour le fond de l'âme, les plaisirs et les allures. Géronte et Valère couvrent des noms trop respectables pour les articuler ici; ce sont des âmes bonnes et simples que séduit la méchante compagnie qui les entoure. Ariste est partout, ou doit être dans les honnêtes gens qui raisonnent bien; Florise dans quantité de femmes trompées, Pasquin est le président Hénault, bonne caillette, quoique avec l'esprit des belles-lettres, etc. Ainsi l'on doit dire : *Mutato nomine de te fabula narratur*.

Indépendamment des allusions si faciles à saisir, c'était une entreprise un peu téméraire pour des amateurs que de s'essayer dans un ouvrage supérieurement interprété par les comédiens français; et cependant, malgré le récent succès de cette pièce, jouée à la Comédie le 15 avril 1747, malgré des comparaisons si dangereuses, la troupe des petits cabinets remporta une belle victoire. « On a joué, dans les cabinets, la comédie du *Méchant* avec grand applaudissement, mais, je crois, avec peu de fruit, — écrit d'Argenson. Je crains que les peintures spirituelles des vices du temps n'aient plus réjoui que converti à la vertu. »

Cléon	*Le duc de Duras.*
Géronte	*Le duc de Chartres.*
Ariste	*Le comte de Maillebois.*
Valère............	*Le duc de Nivernois.*
Frontin...........	*Le marquis de Gontaut.*
Un Laquais.......	*Le marquis de Clermont-d'Amboise.*
Florise	*La duchesse de Brancas.*
Chloé............	*La comtesse de Pons.*
Lisette	*La marquise de Pompadour.*

« M. le duc de Nivernois excella dans le rôle de Valère, dit Laujon. Dans sa première scène (qui avait pour objet d'annoncer l'adresse habituelle du Méchant, toujours occupé de séduire), le ton ingénu que

M. de Nivernois prêtait à Valère, sa promptitude à céder sans réflexion à l'homme dont l'esprit lui paraissait bien supérieur au sien, l'orgueil de se rapprocher de lui, présenté avec une franchise faite pour rendre Valère intéressant, en offrant en lui plus de faiblesse que de penchant pour le vice ; voici qui avait échappé à l'acteur qui, le premier, jouait ce rôle sur le Théâtre-Français. » Tel fut l'effet de cette représentation, ajoute Laujon, que madame de Pompadour obtint du roi de faire venir à la seconde Roseli, qui fut surpris de voir le parti que tirait de ce rôle M. de Nivernois : il en profita et se modela si bien sur lui, qu'à Paris l'ouvrage dut à cet heureux changement une recrudescence de succès. « Je me trouvais à cette seconde représentation, et j'étais à côté de Roseli. Le monologue de Valère y fit verser des larmes, et je fus témoin et de la joie de Gresset de voir son idée si bien rendue, et de la surprise que causait à Roseli le caractère noble et attendrissant que M. de Nivernois donnait à ce rôle. » Il y a tout lieu de croire que Laujon s'abuse, car la seconde représentation du *Méchant* n'eut lieu que deux ans plus tard, en avril 1750, et M. de Monaco remplaçait M. de Nivernois dans Valère.

Après *le Méchant*, qui dura deux heures entières, on joua *l'Oracle*, représenté à la Comédie-Française le 22 mars 1740.

Lucinde.	*La marquise de Pompadour.*
La Fée	*La duchesse de Brancas.*
Alcindor ou Charmant....	*Le duc de Nivernois.*

La soirée fut terminée par une pantomime fort gaie, *le Pédant*, de Dehesse. C'était l'histoire d'un maître d'école livré aux plaisanteries de ses élèves, qui se vengent, en lui jouant les tours les plus pendables, de ses leçons et de ses coups de férule.

Le Pédant.........	*Le marquis de Courtenvaux.*
Pierrot, son valet...	*Le sieur Dupré.*
Une Nourrice......	*La demoiselle Durand.*
Écolières	*Les d^lles Chevrier, Astraudi, Dorfeuil, Puvigné, Camille.*
Écoliers et Paysans.	*Les sieurs Baletti, Piffet, Barois, Béat et La Rivière.*

Pour que la demoiselle Durand tînt son rôle de nourrice avec tous les avantages extérieurs qu'il comportait, on avait eu recours à l'art, afin de remédier à la nature. Aussi trouve-t-on, au chapitre de sa garde-robe, « *un corset garny d'une fausse gorge, ledit corset couvert d'une étoffe de laine brune et garny de canetille de soie blanche.* » On aurait pu lui appliquer — à rebours — le célèbre quatrain adressé à madame Favart sur *l'Art* et *la Nature.*

Deux reprises seulement le jeudi 15 février : *le Mariage fait et rompu*, et la pastorale d'*Eglé;* mais — là était l'attrait de la soirée — madame de Pompadour, qui n'avait pas joué à l'origine dans la comédie de Dufresny, prit cette fois le rôle de l'hôtesse.

..... Madame de Pompadour — dit le duc de Luynes — est la seule femme qui joue fort bien. M. de Maillebois joua très bien hier; M. de Nivernois et M. de Duras sont toujours supérieurs dans ce genre. La comédie avoit commencé à six heures, et dura un peu moins d'une heure et demie. Il y eut un intervalle assez long entre cette pièce et le petit acte d'opéra; ce temps fut rempli par la musique. On commença à huit heures l'acte d'opéra, il s'appelle *Eglé*. M. d'Ayen ne pouvant pas jouer le rôle de Misis, à cause de la mort de sa tante, madame la maréchale de Gramont, M. de La Salle le remplaça. Il a une assez belle basse-taille et est acteur. Madame de Pompadour, qui fait Eglé, chanta et joua supérieurement. Madame de Brancas, douairière, jouait le rôle de la Fortune. M. de Courtenvaux ne put pas danser, aussi à cause de la mort de madame la maréchale de Gramont, dont il avoit épousé la petite fille. Ce fut une des filles du maître à danser qui dansa à sa place. Les danses sont fort jolies. Tout fut fini avant huit heures trois quarts. M. d'Ayen n'étoit que spectateur. M. le président Hénault et M. le président Ogier ont permission d'assister à ces spectacles; on leur a donné des places dans l'orchestre. L'usage est que l'espace pour l'orchestre, quoique assez grand, étant fort rempli de tabourets très bas, pour qu'ils n'empêchent point les spectateurs de voir, sur chaque tabouret est une carte avec le nom de celui qui doit s'y asseoir. On a mis le nom de M. le président Hénault sur son tabouret. Celui de M. le président Ogier n'a point de carte. On distribua hier avant l'opéra les exemplaires imprimés dudit opéra... Les spectateurs ordinaires sont : premièrement, les acteurs et actrices lorsqu'ils ne jouent point; M. le duc de Chartres; M. le maréchal de Saxe; M. le maréchal de Duras; tous les secrétaires d'État; quelquefois l'abbé de Bernis, de l'Académie. J'y ai vu aussi M. le maréchal de Noailles, mais non pas cette année. M. le maréchal de Coigny y vient aussi; M. de Grimberghen y vient toujours lorsque sa santé lui permet. Le Roi n'y est pas dans un fauteuil, mais seulement sur une chaise à dos, et il paraît s'y amuser. Après le spectacle, il va donner l'ordre et tout de suite souper dans ses cabinets.

Le lundi gras, 26 février, nouvelle représentation des *Dehors trompeurs*, de Boissy, avec quelques changements d'acteurs. Madame de Marchais joua le rôle de Céliante, où madame de Pons s'était montrée par trop faible, et le comte de Maillebois lut celui de Forlis à la place du duc de Chartres, empêché de jouer par une indisposition subite. Après la comédie vint la première représentation d'*Almasis*, divertissement en un acte, paroles de Moncrif et musique de Royer.

Almasis....................	*La marquise de Pompadour.*
L'Ordonnatrice des fêtes	*Mme Trusson.*
Zamnis....................	*Le duc d'Ayen.*
Un Indien..................	*M. de la Salle.*

DANSE : *M. de Langeron* et les enfants du corps de ballet (Indiens et Indiennes.)

Voici le très léger canevas sur lequel Moncrif avait brodé son opéra-ballet. Almasis, habitante des îles Fortunées, aime Zamnis; mais l'usage du pays veut qu'elle épouse, sans le connaître, celui que choisira la prêtresse de l'hymen. On la conduit en grande pompe à cet époux redouté, qui, par bonheur, se trouve être son cher Zamnis. Ce maigre ouvrage plut tant au roi, qu'il le fit jouer jusqu'à trois fois.

« Cet acte fait partie d'un opéra qui n'a pas été représenté, écrit le duc de Luynes. M. Moncrif dit qu'il ne le sera jamais » Moncrif se trompait : son opéra fut joué deux ans plus tard, le 28 août 1750, à l'Académie de musique, et n'eut aucun succès (1).

Le lendemain, mardi gras, 27 février, la troupe donna *Almasis*, puis un nouvel opéra-ballet, *les Amours de Ragonde*, paroles de Néricault-Destouches, musique de Mouret, qu'on avait appris, mis en scène et répété en quarante-huit heures. C'était un ouvrage en trois actes (*la Soirée de village — les Lutins — la Noce et le Charivari*), qui avait été joué à l'Opéra le 30 janvier 1742. Le roi devait d'abord aller passer à la Muette la dernière journée du carnaval, mais il renonça à son projet pour assister à ce spectacle improvisé. Cela se comprend de reste : madame de Pompadour abordait dans cette pièce les rôles qu'on appelle au théâtre les *travestis*.

Ragonde, fermière très mûre, parvient, par les ruses les plus extravagantes, à épouser Colin, berger très vert, dont elle raffole. Telle est la donnée de cette pièce, vive d'allure, véritable farce de carnaval, soutenue par une musique pleine de gaîté et d'entrain, que termine un formidable charivari.

Le marquis de Sourches avait quitté sa viole à l'orchestre pour endos-

(1) Distribution à l'Opéra : Almasis, mademoiselle Chevalier; l'Ordonnatrice des Fêtes, mademoiselle Le Mierre; Zamnis, Chassé; un Indien, Le Page.

ser le casaquin de la fermière. Voici la double distribution de l'ouvrage, à Paris et à la cour.

Ragonde, mère de Colette, amante de Colin.......	*(Cuvellier)*............	*M. de Sourches (début).*
Colette, fille de Ragonde, amante de Lucas......	*(Mlle Coupé)*..........	*Mme de Marchais.*
Lucas, amant de Colette.	*(Albert)*..............	*M. de la Salle.*
Colin, aimé de Ragonde, amant de Colette......	*(Jélyotte)*.............	*Mme de Pompadour.*
Thibault, magister.......	*(Bérard)*...............	*Le vicomte de Rohan.*
Mathurine.............	*(Mlle Bourdonnois l'aînée)*	*Mme Trusson.*

A peine peut-on croire, après l'avoir vue, que cette pièce ait été aussi bien exécutée qu'elle le fut, écrit le duc de Luynes. Il n'en étoit pas question samedi. Ce fut ce jour-là, en soupant, que madame de Pompadour imagina ce divertissement pour le mardi; elle écrivit sur-le-champ à M. de la Vallière: on lui envoya un courrier qui arriva à quatre heures du matin. Il a fallu préparer les habillements, apprendre les rôles, tant pour les acteurs que pour les danseurs, faire trois ou quatre répétitions. Tout a été fait et a aussi bien réussi que si l'on avait eu huit jours pour s'y préparer. M. de Sourches qui n'avoit jamais paru sur le théâtre, y joua à merveille; il a peu de voix, mais elle est juste et il est musicien. Madame de Pompadour étoit habillée en homme, mais comme les dames le sont quand elles montent à cheval; c'étoit un habillement très décent.

C'est à cette époque que parut le recueil des *Comédies et ballets des petits appartements*, qui nous sert de guide pour ce travail. Chaque pièce portait en tête cette mention : *Imprimé par exprès commandement de Sa Majesté.* Les ennemis de la marquise de s'indigner, surtout le marquis d'Argenson, qui écrit le 1er mars 1748 : « On vient d'imprimer un recueil fort ridicule des divertissements du théâtre des cabinets, ou petits appartements de Sa Majesté, ouvrages lyriques misérables et flatteurs; on y lit les acteurs dansants et chantants, des officiers généraux et des baladins, de grandes dames de la cour et des filles de théâtre. En effet, le roi passe ses journées aujourd'hui à voir exercer la marquise et les autres personnages par tous ces histrions de profession qui se familiarisent avec le monarque d'une façon sacrilége et impie. »

Différentes causes jetèrent pendant quelque temps le désarroi dans la troupe et firent changer, souvent même contremander le spectacle. Ce fut d'abord une indisposition de M. de Meuse qui fit remettre la représentation de *la Mère coquette*, de Quinault. Puis la nouvelle de l'étrange mort de M. de Coigny, auquel le roi, accoutumé à le voir dès son enfance, avait toujours marqué une amitié particulière, occasionna un relâche le jour même (lundi 4 mars) où l'on devait donner la reprise de *l'Enfant prodigue.* Tout était prêt, on allait lever la toile, quand tout à coup ordre vint d'ajourner le spectacle. Le perruquier Notrelle s'exprime ainsi à ce propos dans son Mémoire : « Ce jour-là, dans le moment qu'on étoit prest à jouer et que les acteurs étoient coeffés et préparés, il y a eu contre-ordre. Mais comme l'ouvrage a été fait et que Notrelle a été pour cela deux jours à Versailles, il espère qu'on ne lui refusera pas de lui passer en compte ce qui suit. »

Ce tragique événement demande à être élucidé. Voici ce qu'on lit dans le journal de Barbier :

Il est arrivé, la nuit du dimanche 3 au lundi 4, un malheur épouvantable sur le chemin de Versailles. Il fait plus froid depuis quelques jours qu'il n'a fait de l'hiver ; il neige depuis trois ou quatre jours, et, la nuit de dimanche, la neige tombait par de gros flocons, de manière que la terre en était couverte. Il est d'usage ici que les seigneurs vont plus de nuit que de jour ; rien ne les arrête, et c'est le bon air. M. le comte de Coigny, lieutenant-général, colonel-général des dragons, cordon bleu, gouverneur du château de Choisy, favori du roi, fils du maréchal de Coigny vivant, soupait chez Mademoiselle, princesse du sang, dont il a été toujours *ami*, ce qui a beaucoup contribué à son avancement, où il fut d'une gaîté charmante.

Comme il était d'une partie de chasse avec le Roi, le lundi matin, il monta dans sa chaise de poste, accompagné d'un coureur, entre une heure et deux heures après minuit, pour aller coucher à Versailles. Mademoiselle lui représenta qu'il était fou de se mettre en chemin par le temps qu'il faisait, et qu'il ferait mieux de coucher à Paris et d'en partir à sept heures du matin. Son postillon lui dit, dans la cour de Mademoiselle, qu'il était gelé et aveuglé par la neige, qu'il ne verrait pas son chemin. — Vous avez toujours peur, vous autres, dit-il, marchons.

Vis-à-vis du village d'Auteuil, il y a des fossés sur la droite du chemin ; le postillon ne voyait ni ne sentait le pavé, la chaise a versé dans le fossé. On dit que M. de Coigny a cassé une glace avec sa tête, et qu'elle lui a coupé la gorge ; d'autres, qu'il s'est donné un coup au derrière de la tête dans un endroit mortel ; bref, il est mort sur-le-champ. Le courrier, quoique blessé, est venu à Paris porter cette belle nouvelle à l'hôtel pour le faire enlever. Pour la chaise, elle est restée dans le fossé, et a été vue le matin par tous les passants.

Le roi a demandé lundi matin si Coigny était à Versailles. On lui a dit qu'il avait versé la nuit en venant. Il a demandé s'il était blessé, on lui a répondu tristement qu'il l'était très dangereusement. Le roi a entendu qu'il était mort, s'est retiré dans son cabinet et a contremandé la chasse *et même la comédie qu'on devait jouer le soir à Versailles.*

..... Mais le mardi la nouvelle change. On dit que c'est un duel et qu'on était convenu de renverser une chaise dans le fossé. On a nommé le prince de Dombes, le comte d'Eu, le duc de Luxembourg et M. de Fitz-James.

C'était en effet le prince de Dombes, Louis-Auguste de Dombes, fils aîné du duc du Maine, colonel-général des Suisses et Grisons, prince du sang et, de plus, basson à l'orchestre des petits appartements, qui avait tué en duel le comte de Coigny.

A Versailles, au jeu du roi, M. de Coigny, qui perdait contre le prince de Dombes des sommes considérables, s'oublia jusqu'à dire assez haut : « Il faut être bâtard pour avoir tant de bonheur. » Le mot était d'autant plus sanglant qu'il s'adressait au petit-fils de madame de Montespan. Le prince, voulant avant tout éviter un éclat, se pencha sans affectation à l'oreille du comte et lui dit simplement : « Vous pensez bien, monsieur, que nous allons nous voir tout à l'heure. » Le jeu continua, et la nuit était fort avancée quand ils reprirent ensemble le chemin de Paris. Ils convinrent que la rencontre aurait lieu sur la route au point du jour. Mais les nuits sont longues dans cette saison, et le jour commençait à poindre quand ils mirent pied à terre au bord de la Seine, entre le village d'Auteuil et la ferme de Billancourt. Les laquais allumèrent des flambeaux, et c'est à la lueur douteuse des torches et de l'aube naissante, sur un épais tapis de neige, qu'ils croisèrent le fer : M. de Coigny eut la gorge traversée de part en part et mourut sur la place.

La chaise, renversée dans un fossé, fut abandonnée sur la route ; on espérait ainsi donner le change à la curiosité publique. Mais les détails du duel, bientôt divulgués, devinrent, à Paris et à Versailles, le sujet de toutes les conversations ; on allait en pélerinage visiter le lieu du combat. C'était encore en 1748 un endroit désert, qui fut alors baptisé le *Point-du-Jour.*

« Mademoiselle — ajoute Barbier, — a été très chagrine de cette mort. Il n'en a plus été question un mois après. » Le deuil du roi et de la cour ne fut pas non plus de longue durée. Huit jours après, le 10 mars, madame de Pompadour reprenait, et cette fois sans encombre, le *doliman* de taffetas rose d'*Almasis*, tandis que le prince de Dombes, le héros de cette tragédie, jouait tranquillement sa partie de basson à l'orchestre.

Le dimanche 10 mars, on devait donner *le Méchant*, mais M. de Nivernois s'étant trouvé incommodé, on représenta *Almasis* et *Ismène*. M. de Courtenvaux dansa dans la première pièce, où madame Trusson avait cédé une partie de son rôle à madame de Marchais. Dans *Ismène*, M. de la Salle chanta à la place du duc d'Ayen ; ils étaient tous deux fort enrhumés, et l'on n'avait pas voulu que ce dernier jouât le principal rôle dans les deux pièces.

Le *Méchant* avait été remis au samedi 16, et l'on devait donner avec une comédie sans nom d'auteur, *le Fat puni* (de Pont de Veyle), mais la marquise eut la migraine dès le matin ; elle espérait pourtant jouer, mais la douleur ayant fort augmenté l'après-dîner, elle fut obligée de se mettre au lit et force fut de décommander le spectacle.

Quoique l'état de souffrance de la marquise se fût prolongé, il put y avoir représentation le jeudi 21 mars ; on joua *Zénéide* et l'opéra de La Bruère et Mondonville, *Erigone*. Bien qu'étant toujours enrouée, la marquise put jouer dans la comédie en compagnie de madame de Livry, qui conserva son rôle de Gnidie, de madame de Marchais remplaçant madame de Brancas dans le rôle de la Fée, et de M. de Duras qui joua Olinde à la place du duc de Nivernois. Mais quand elle voulut chanter Érigone, elle fut obligée d'y renoncer et de céder la place au jeune Lecamus, page de la musique du roi, qui, pris ainsi à l'improviste et forcé de lire le rôle, dut faire assez triste figure dans l'une des plus gracieuses créations de la marquise.

Le mardi 26 mars, deuxième représentation du *Pédant*, et première représentation du prologue et de l'acte de *Cléopâtre*, des *Fêtes grecques et romaines*, de Fuzelier et Colin de Blamont, jouées à l'Opéra le 17 juillet 1723. La marquise n'étant pas complétement rétablie, la duchesse de Brancas fut chargée de remplir le rôle de Cléopâtre.

Acteurs dans le prologue :

Apollon........	*(Thévenard)........*	*Le marquis de la Salle.*
Clio..........	*(Mlle Lemaure).....*	*Madame Trusson.*
Erato.........	*(Mlle Antier).......*	*Madame de Marchais*
Terpsichore....	*(Mlle Prévost)......*	*La demoiselle Puvigné.*

Acteurs dans l'acte de *Cléopâtre* :

Antoine.......	*(Thévenard)........*	*Le duc d'Ayen.*
Eros..........	*(Grenet)...........*	*Le vicomte de Rohan*
Cléopâtre......	*(Mlle Antier).......*	*La duchesse de Brancas.*
Une Egyptienne	....	*Madame Trusson.*

Le jeudi 28 eut lieu la rentrée de madame de Pompadour. On joua d'abord *Erigone*, puis on répéta le prologue seul des *Fêtes grecques et romaines*. Après un entr'acte d'une petite demi-heure, pendant lequel le roi alla voir la Dauphine, on joua l'acte de *la Vue*, du *Ballet des Sens*, paroles de Roy, musique de Mouret, donné à l'Opéra le 5 juin 1732.

L'Amour.	*(Mlle Lemaure)*.	*Madame de Pompadour.*
Zéphire.	*(Mlle Petitpas)*.	*Madame de Marchais.*
Iris.	*(Mlle Eremans)*.	*Madame Trusson.*
Aquilon.	*(Dun)*.	*M. de la Salle.*

La marquise, qui brilla dans ce nouveau rôle, avait confirmé, par son choix, le jugement que le public avait porté naguère sur les quatre actes de cet ouvrage :

Comment donc, à ce que je vois,
Il est bien mal en son harnois.
Il est sourd comme une statue;
Le goût, *le* toucher, *l'*odorat
Chez lui sont en mauvais état :
Il n'a rien de bon que la vue.

La clôture de la saison théâtrale eut lieu le samedi 30 mars. Aussi dit-on en badinant que c'était pour la capitation, comme c'était l'usage à l'Opéra : on appelait ainsi la dernière représentation avant la Passion, qui était toujours donnée au profit des artistes. Il faut voir avec quel plaisant amour-propre Laujon raconte comment son ouvrage d'*Eglé* eut l'honneur d'être désigné pour faire partie de ce spectacle.

La troupe avait décidé qu'elle choisirait, pour sa capitation, la comédie et l'acte d'opéra qui auraient réussi le plus complètement. Gresset réunit tous les suffrages en faveur de la comédie; mais sur l'opéra? le choix fut longtemps indécis entre l'acte d'*Ismène* et celui d'*Eglé*. Nous avions, Lagarde et moi, des rivaux redoutables; on faisait valoir fortement pour nos anciens, nombre de succès antérieurs au dernier. Croirait-on que ce titre incontestable fut précisément celui qui fit pencher la balance de notre côté, et, contre toute apparence, leur enleva la palme ? « Un honneur de plus, dit-on alors, n'est pas nécessaire à leur gloire; il est peu pour eux, il est tout pour de jeunes auteurs à qui l'habitude des succès n'est pas aussi familière et que l'on doit encourager. » Ainsi donc, la cause de la jeunesse l'emporta sur celle de l'expérience. Il fut définitivement arrêté que la troupe donnerait pour sa capitation la comédie du *Méchant* et l'acte d'*Eglé* (1).

Le programme se composa donc d'*Eglé*, des actes de *la Vue* et de *Cléopâtre*, en place du *Méchant*. La veille, ces trois pièces avaient été répétées avec les machines et les habits. « Cette répétition fut une vraie représen-

(1) LAUJON, *Note sur la représentation d'Eglé.*

tation, écrit Luynes. Madame de Pompadour voulut donner cet amusement à quelques dames de ses amies de Paris et à quelques hommes de ce pays-ci, qui n'ont pas permission d'y entrer quand le roi y est. »

Cette représentation débuta par un compliment au roi, de Roy pour les paroles et de Colin de Blamont pour la musique; ce fut le marquis de la Salle qui le chanta, travesti en Apollon.

D'un peuple de Héros le maître et le modèle,
Toujours avide de travaux,
Entend Bellone qui l'appelle.
Il va partir; il vole à des succès nouveaux.

Doux plaisirs, de sa présence
Osez encor profiter;
Charmez son impatience,
Sans espoir de l'arrêter.

Aimables filles de Mémoire,
Chères délices de sa Cour,
Vous qui partagiez tour à tour
Les moments qu'il rend à la Gloire,
A peine vous aurez jusques à son retour
Le temps de préparer tous vos chants de victoire.

Le dieu des oracles ne mentit pas cette fois aux promesses faites en son nom; quelques jours plus tard, Louis XV partait pour suivre les opérations de cette guerre qui se termina bientôt par la paix d'Aix-la-Chapelle.

Dans la fête de l'acte de *la Vue*, un des suivants de Flore chanta la cantatille suivante, des mêmes auteurs, adressée à madame de Pompadour qui représentait l'Amour.

O vous, qui d'une aile légère
Parcourez cent climats divers,
Partez, Nymphe aux cent voix, volez, fendez les airs :
Que le dieu qui règne à Cythère
Soit chanté dans tout l'univers.
Quand Psyché lui rendit les armes,
Ce n'était qu'un essai du pouvoir de l'Amour :
Avait-il rassemblé, comme dans ce beau jour,
Tant de talens et tant de charmes?

Les décors surtout paraissent avoir obtenu l'assentiment général. « On ne peut rien ajouter à la perfection du jeu, du goût et de la voix de madame de Pompadour, écrit Luynes. Madame Marchais a une petite voix, mais jolie. Madame Trusson en a une plus grande et plus agréable. Les décorations sont charmantes, le vaisseau de Cléopâtre est beaucoup mieux qu'à l'Opéra; et dans l'acte de *la Vue*, l'arc-en-ciel est parfaitement bien représenté (1). »

Le lendemain de la fermeture du spectacle, madame de Pompadour distribua, de la part du roi, des présents à quelques-uns de ceux qui avaient pris part aux divertissements. Moncrif, le sous-directeur du théâtre, — qui, bien que lecteur de la reine, se plaisait à écrire des pièces pour la marquise, et auquel Marie Leckzinska avait dit, un jour qu'il l'entretenait d'un de ses ouvrages récemment applaudi : « Voilà qui est bien, mais en voilà assez ! » — Moncrif eut une belle montre à répétition; MM. de Dampierre, Ferrand et Duport, une tabatière avec le portrait du roi; et les autres musiciens amateurs, soit une montre, soit une tabatière. Quant aux musiciens de profession, ils furent payés en argent et reçurent chacun 25 ou 30 louis. Mais les auteurs d'*Eglé* furent particulièrement bien traités. On créa pour Lagarde la place de maître d'orchestre de l'Académie de musique, fonction qu'on détacha de celles des directeurs Rebel et Francœur; et Laujon raconte dans son livre que, le jour même où l'acte d'*Eglé* lui valut des compliments de la bouche du roi, le comte de Clermont, dont il était premier secrétaire, le nomma secrétaire de ses commandements. Puis en 1750 son protecteur joignit à cette place celle de secrétaire du gouvernement de Champagne et de Brie, que le roi venait de lui accorder.

(1) Voici ce que Moufle d'Angerville écrivit plus tard à propos de l'année 1748 :
« Nous avons dit que madame de Pompadour jouait très bien la comédie. Il y avait fréquemment des spectacles aux petits appartements, où les personnages les plus illustres et les plus graves de la cour se livrèrent à cet art pour amuser le Roi. C'est à elle qu'on doit ce goût scénique qui s'est emparé généralement de toute la France, des princes, des grands, des bourgeois ; qui a pénétré jusque dans les couvents, et qui, empoisonnant les mœurs dès l'enfance par cette foule d'élèves dont ont besoin tant de spectacles, a porté la corruption à son comble. » (*Vie privée de Louis XV*, II, 306.)

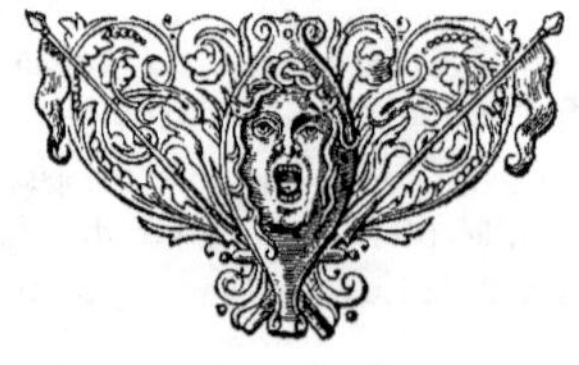

CHAPITRE IV

TROISIÈME ANNÉE.

27 *Novembre* 1748. — 22 *Mars* 1749.

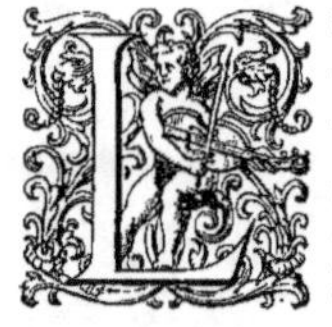

Le théâtre des petits cabinets était trop petit pour contenir tous ceux qu'on eût voulu y inviter, tant était vivement recherché l'honneur d'assister à ces spectacles intimes. Il fallait absolument remédier à ce défaut : le plus court, sinon le moins coûteux, était de construire une salle nouvelle. Ainsi fit-on. Le voyage de la cour à Fontainebleau fut le temps choisi pour bâtir un nouveau théâtre dans la cage du grand escalier de marbre ou des ambassadeurs, en s'efforçant de ne gâter ni le marbre ni les peintures. Ce théâtre était mobile et s'enlevait ou se remettait à volonté ; il devait suffire de quatorze heures pour le défaire et de vingt-quatre pour le rétablir.

Cet énorme travail ne se fit pas sans causer de grandes dépenses, et l'on disait tout bas qu'il avait coûté deux millions. Ces bruits parvinrent jusqu'à la marquise, et un soir, à sa toilette, elle les démentit en ces termes : « Qu'est-ce que l'on dit que le nouveau théâtre que le Roi vient de faire construire sur le grand escalier coûte deux millions ? Je veux bien que l'on sache qu'il ne coûte que vingt mille écus, et je voudrais bien savoir si le Roi ne peut mettre cette somme à son plaisir, et il en est ainsi des maisons qu'il bâtit pour moi. » La marquise se trompait. Ce n'est pas vingt mille écus, mais bien soixante-quinze mille livres que sa fantaisie d'artiste coûtait au trésor ; c'est le Roi lui-même qui le dit.

Le nouveau théâtre ouvrit ses portes le mercredi 27 novembre 1748 : la pièce d'inauguration était due, pour les paroles, à Gentil-Bernard et à Moncrif, et pour la musique, à Rameau ; elle était intitulée : *Les Surprises de l'Amour* (1) et comprenait un prologue et deux ballets.

Prologue, *Le Retour d'Astrée* :

Astrée....................	*Madame de Brancas.*
Un Plaisir...............	*Madame de Marchais.*
Vulcain............... ..	*M. le duc d'Ayen.*
Le Temps................	*M. de la Salle.*

Premier ballet, *La Lyre enchantée* :

Uranie....................	*Madame de Pompadour*
L'Amour............	*Madame de Marchais.*
Linus, fils d'Apollon......	*M. de la Salle.*

Second ballet, *Adonis* :

Vénus.....................	*Madame de Pompadour*
L'Amour..................	*Madame de Marchais.*
Diane.....................	*Madame de Brancas.*
Adonis....................	*M. le duc d'Ayen.*
Un suivant de Diane......	*M. le vicomte de Rohan.*

Mercredi dernier, — écrit Luynes, — le Roi vit pour la première fois la nouvelle salle d'Opéra construite dans l'escalier des ambassadeurs. Il n'avoit point voulu y entrer jusqu'à la première représentation... M. de la Vallière a beaucoup d'honneur à l'arrangement du théâtre. Il est beaucoup plus grand que celui de la petite galerie ; les décorations sont faites avec beaucoup de goût. La place où le Roi se mit avec M. le Dauphin, madame la Dauphine et Mesdames, est assez grande pour contenir environ vingt-cinq personnes. Des deux côtés de la place du Roi, en allant au théâtre, il y a deux balcons, dont chacun peut tenir douze à quinze personnes. Au-dessous du Roi, en face du théâtre, il y a des gradins où étaient M. le président Hénault, M. le président Ogier, en tout trente ou quarante personnes. Entre ces gradins et le théâtre est l'orchestre, qui est plus grand que celui de la petite galerie, et contient environ quarante places. Les musiciens et les spectateurs sont fort à leur aise, et l'on entend, de partout, facilement la voix des acteurs ; le mouvement des décorations et des machines se fait avec beaucoup de facilité et de promptitude. Cet ouvrage n'est pas aussi cher qu'on se l'imagine dans le public ; le Roi demanda avant-hier à M. le contrôleur-général combien il avoit donné de fois 15,000 livres. Le contrôleur-général croyoit que ce n'étoit que quatre fois ; mais le Roi le fit souvenir que c'était cinq.

(1) Représenté à l'Opéra le 31 mai 1757.

La nouvelle salle fut admirée de tous; décorations, costumes et machines plurent aux spectateurs, mais il n'en fut pas de même de l'Opéra. Au beau milieu de la représentation, le roi se prit à bâiller, et on l'entendit dire à l'un de ses voisins : « J'aimerais mieux la comédie. »

Malgré cet insuccès, la troupe ne se tint pas pour battue, et le mardi 3 décembre, elle donna une seconde représentation du même ouvrage, sans qu'il paraisse avoir été plus goûté : le seul point à noter, est que le duc d'Ayen céda son rôle du prologue à un nouvel arrivant, doué d'une belle voix, le chevalier de Clermont, fils de M. de Clermont-d'Amboise.

Le mardi 10, on donna devant le roi, le Dauphin et la Dauphine, le grand opéra de *Tancrède* (sans le prologue), paroles de Danchet, musique de Campra, représenté originairement à l'Opéra le 7 novembre 1702.

Herminie......	*(Mlle Desmâtins)*.....	*Madame de Pompadour.*
Clorinde.......	*(Mlle Maupin)*........	*Madame de Brancas.*
Une guerrière. / Une nymphe..	*(Mlle Dupeyré)*......	*Madame de Marchais.*
Tancrède.......	*(Thévenard)*.........	*M. le duc d'Ayen.*
Argan..........	*(Hardouin)*..........	*M. le marquis de la Salle.*
Isménor........	*(Dun)*...............	*M. le chevalier de Clermont.*
Un guerrier....	*(Cochereau)*........	*M. le vicomte de Rohan.*
Un sylvain.....	*(Boutelou)*.........	
La Vengeance..	*(Desvoyes)*.........	

Le spectacle parut fort beau ; madame de Pompadour chanta avec une perfection qui ne laissait rien à désirer, MM. de la Salle et de Clermont brillèrent dans leur duo; enfin, le duc d'Ayen se fit aussi applaudir, bien qu'il eût une voix moins éclatante que le chevalier de Clermont. Quant au vicomte de Rohan, il tenait bien trois rôles, mais dans les endroits où sa voix ne pouvait aller, il se faisait aider par Bazire, haute-contre de la musique. Cette soirée ne finit pas aussi bien qu'elle avait commencé. Au milieu de la représentation, M. de Maurepas remit au roi une lettre du lieutenant de police Berrier lui apprenant que le prince Édouard, réfugié en France, venait d'être arrêté sur son ordre au moment où il entrait à l'Opéra : cette nouvelle suffit pour attrister les esprits durant toute la fin de la soirée.

Les représentations se succédaient alors presque sans relâche : le jeudi 12, on donna *la Mère coquette*, de Quinault, jouée à la Comédie-Française le 18 octobre 1665.

Ismène.......... ...	....	*Madame la marquise de Livry.*
Isabelle, fille d'Ismène.	....	*Madame de Marchais.*
Laurette, suivante....	(Mlle *Quinault*)...	*Madame la m[ise] de Pompadour*
Crémante...........	....	*M. le marquis de Meuse.*
Acante, son fils.......	....	*M. le duc de Duras.*
Le marquis..........	(*Raymond Poisson*)	*M. le marquis de Croissy.*
Champagne..........	....	*M. le marquis de Gontaut.*
Le page du marquis..	....	*M. le chevalier de Clermont.*

Cette comédie, fort bien rendue par toute la troupe, surtout par madame de Pompadour-Laurette et par le duc de Duras-Acante, fut suivie de la plus divertissante pantomime qui ait jamais paru sur le théâtre des petits cabinets. Elle avait été d'abord essayée chez madame de Marck. *L'Opérateur chinois* (et non *le Père respecté*) (1), tel était le titre de cette parade, dont les paroles étaient de Moncrif; la musique, du marquis de Courtenvaux et de Guillemain, de la musique du roi; et les danses, de Dehesse. La scène se passait en Chine, au milieu d'une foire de village garnie de boutiques de toutes sortes, de chansons, de fleurs, de mercerie, de ratafiat, d'oublies, de café. M. de Courtenvaux, vêtu d'un magnifique costume d'opérateur chinois, vendait ses remèdes les plus merveilleux à la foule ébahie, et arrachait à un niais une dent phénoménale, tandis que M. de Langeron, costumé en philosophe (habit et toque feuille-morte), pêchait au moyen d'une ligne, avec une dragée pour appât, des niaises et des innocentes. A la fin, un baron allemand, joué par Dehesse, sautait après la ligne, happait la dragée et la mangeait.

Le Dauphin, la Dauphine et Mesdames assistaient à cette représentation, ainsi qu'à la suivante qui eut lieu le mardi 17; la reine s'y rendit aussi. On donna une deuxième représentation de *Tancrède* qui fut assez froidement reçu. Le roi se plaignit qu'il y eût trop de monologues; il en avait compté huit, et, de son côté, le duc de Luynes déclare cet opéra un peu triste, bien que la musique en soit fort belle.

Le lundi 23 décembre, premières représentations du prologue des *Eléments* et de deux actes (*le Feu* et *l'Air*) de cet opéra, de Roy et Destouches, représenté à l'Opéra le 29 mai 1725, — puis de l'acte de *Philé-*

(1) Ce second titre est erroné, ainsi que le couplet grossier cité par M. Campardon : il n'y avait pas de parlé dans ce ballet. Nous donnons une copie à l'eau-forte d'un délicieux tableau de Boucher, qui, sous le titre vague de : *Le Ballet*, représente, à n'en pas douter, la scène de l'*Opérateur chinois*. Boucher aura reproduit en tableau, avec les personnages dansants, le décor qu'il avait peint pour le théâtre de madame de Pompadour. Ce tableau peu connu, et qui n'a fait que passer en vente à Paris, il y a quelques années, est maintenant à Saint-Pétersbourg.

mon et Baucis, tiré du *Ballet de la Paix*, paroles de Roy, musique de Rebel et Francœur, joué le 29 mai 1738.

Acteurs dans le prologue des *Éléments* :

Vénus........... (*Mlle Lambert*).. *Mme de Marchais.*
Le Destin........ (*Thévenard*).... *M. de la Salle.*

Dans l'acte du *Feu* :

Emilie, vestale.... (*Mlle Antier*).... *Mme de Pompadour.*
Valère........... (*Thévenard*)..... *Le duc d'Ayen.*
L'Amour......... (*Mlle Dun*)...... *Le Camus*, page de la musique.

Dans l'acte de *l'Air* :

Junon............ (*Mlle Antier*).. . *Mme de Brancas.*
Une Heure....... .... *Mme de Marchais.*
Ixion............. (*Thévenard*).... *M. de la Salle.*
Mercure.......... (*Tribou*)........ *Le vicomte de Rohan.*
Jupiter........... (*Chassé*)........ *Benoît*, de la musique.

Dans *Philémon et Baucis* :

Baucis........... (*Mlle Pélissier*).. *Mme de Pompadour.*
Jupiter........... (*Chassé*)........ *Le duc d'Ayen.*
Philémon......... (*Jélyotte*)....... *Le vicomte de Rohan.*
Mercure.......... (*Tribou*)........ *Le chevalier de Clermont.*

Cette représentation ne fut pas honorée de la présence du Dauphin ni de Mesdames : ils étaient en retraite et avaient choisi ce jour pour faire leur dévotions. La Dauphine gardait la chambre, on avait des espérances de grossesse qui commençaient à avoir quelque fondement; enfin la reine était descendue chez la Dauphine, où elle avait joué au cavagnole. Quoi qu'il en fût, ce spectacle parut beaucoup plus agréable que celui de *Tancrède*. La raison en est simple : le sujet était moins triste et finissait par des danses.

Dès le lendemain de cette représentation, on se mit à défaire le théâtre, afin que le grand escalier fût entièrement libre pour les cérémonies du jour de l'an. Cet ouvrage se fit très vite; en moins de dix-huit heures, tout avait disparu. Malheureusement cela n'avait pas marché sans accident : deux ouvriers furent blessés, et un autre malheureux qui, sans être employé, était monté en haut par curiosité, se tua raide en tombant dans l'escalier.

Peu importait d'ailleurs. La marquise avait pleinement reconquis la faveur royale, au grand déplaisir du marquis d'Argenson qui laisse percer sa mauvaise humeur dans la note suivante : « Le roi, qu'on disait las de sa sultane favorite, la marquise de Pompadour, en est plus affolé que jamais. Elle a si bien chanté, si bien joué aux derniers ballets de Versailles, que Sa Majesté lui en a donné des louanges publiques, et, la caressant devant tout le monde, lui a dit qu'elle était la plus charmante femme qu'il y eût en France. » Comme cette galante parole dut flatter agréablement l'orgueil de la favorite!

Au commencement de l'année 1749, une vive querelle éclata entre le duc de Richelieu et la marquise, à propos du théâtre des petits cabinets. Ce théâtre construit, comme on sait, sur l'escalier des ambassadeurs, faisait partie des grands appartements; les premiers gentilshommes de la chambre prétendaient dès lors qu'il était soumis à leur juridiction et que le duc de la Vallière, directeur de ce petit théâtre, empiétait sur leurs droits. Le duc d'Aumont, étant de service en 1748, souleva, vers la fin de l'année, les premières difficultés. Madame de Pompadour en parla au roi, mais celui-ci, ne voulant pas encore se prononcer, répondit simplement: « Laissez venir Son Excellence (le roi appelait ainsi Richelieu depuis son ambassade à Vienne), vous verrez bien autre chose (1). »

En effet, Richelieu, dont le mauvais vouloir pour la favorite était bien connu, était désigné pour être de service en l'année 1749, et tous les ennemis de la marquise l'attendaient avec impatience, comptant bien qu'il ne laisserait pas échapper cette occasion d'être désagréable à madame de Pompadour. Le bruit courait même que le duc, sur le point d'entrer en année, avait écrit au roi à ce sujet une lettre très respectueuse, mais très forte (2). Le marquis d'Argenson hâtait naturellement ce retour de tous ses vœux. « On attend, dit-il, le duc de Richelieu, comme le bretteur de la troupe; et l'on prétend d'ailleurs que, de toutes façons, il jouera un grand rôle. »

A la cour, plusieurs redoutaient l'arrivée de ce rude jouteur. Ceux-là conseillaient prudemment de prévenir les attaques du duc, et proposaient deux expédients pour mettre à couvert les droits des gentilshommes de la chambre. L'un était de donner à M. de la Vallière un brevet de cinquième premier gentilhomme de la chambre, l'autre de donner un brevet à madame de Pompadour, pour que l'emplacement du grand escalier où l'on avait construit le théâtre fût regardé comme une addition à son appartement (3). La marquise repoussa ces expédients, et sûre de son pouvoir, préféra attendre de pied ferme son ennemi.

« On n'a plus d'espérance aujourd'hui — écrit d'Argenson le 17 dé-

(1) *Mémoires du duc de Luynes*, 7 janvier 1749.
(2) *Mémoires du duc de Luynes*, 6 novembre 1748.
(3) *Mémoires du duc de Luynes*, 7 janvier 1749.

cembre — que dans l'arrivée de M. de Richelieu, qui arrive couvert de gloire, et surtout d'attribution de *prudence*, qualité qu'on ne lui connaissait pas encore. On s'est pressé sans doute d'exécuter plusieurs choses avant son arrivée, et il aura bien à crier là contre, quand il y sera. »

Le duc arrive enfin. Le samedi 4 janvier, le concert de la reine eut lieu chez la Dauphine. Ce changement, bien simple en apparence, fut le signal de la lutte. La veille, Richelieu écrivit une lettre à Bury, surintendant de la musique en survivance de Blamont, pour l'avertir du changement de lieu du concert et lui recommander que les meilleurs musiciens de la chambre s'y trouvassent réunis. Puis il fit défense à tous musiciens de la chambre d'aller nulle part sans son ordre. Cette nouvelle se répandit bientôt à la cour, et les musiciens, inquiets de cet avis, vinrent en demander l'éclaircissement au duc en ce qui concernait les divertissements des cabinets.

Celui-ci maintint sa défense et en formula de nouvelles. Depuis qu'il y avait des divertissements à la cour, M. de la Vallière s'en était toujours mêlé et les gentilshommes de la chambre s'étaient prêtés à ses moindres désirs. Au commencement de chaque année, ils signaient un ordre général pour que les voitures de la cour pussent aller chercher et ramener à Paris les musiciens ou comédiens, ils en signaient un autre pour que le magasin des Menus fournît les habits; le duc refusa de signer aucun de ces ordres. Mais en même temps, il couvrait de dehors aimables sa sourde opposition; il continuait à aller chez madame de Pompadour, et ne lui parlait qu'avec le ton et les manières d'une galanterie ironique, lui assurant qu'elle serait toujours la maîtresse, et qu'il n'avait d'autre désir que de lui plaire. Le roi de son côté le traitait aussi bien que par le passé (1).

Les adversaires de la marquise, à commencer par d'Argenson, célébraient les adroites manœuvres de leur champion.

« Il a commencé par laver la tête au duc de la Vallière sur l'affaire dont j'ai parlé, l'opéra du grand escalier — écrit le marquis le 7 janvier; — il a rendu une ordonnance portant défense à tous ouvriers, musiciens, danseurs, d'obéir à d'autres qu'à lui, pour le fait des menus plaisirs; il a demandé au duc, ordonnateur sans mission, s'il avait une charge de cinquième premier gentilhomme de la chambre, ce qu'il avait donné pour cela, etc. Il a dit que ceci était bon pour le duc de Gèvres, qui avait reçu 35,000 livres pour se départir des droits de sa charge, mais que pour lui, Richelieu, il n'en avait pas reçu un écu, et n'en recevrait pas un million pour en laisser aller un pouce

(1) *Mémoires du duc de Luynes*, 6 janvier 1749.

de terrain. M. de la Vallière ne savait plus que dire, et soufflait; M. de Richelieu lui a dit : « Vous êtes une bête, » et lui a fait les cornes, ce qui n'est pas trop honnête, et M. de Richelieu est avantageux sur cela, car il a cet avantage de n'avoir été c... d'aucune de ses deux femmes. Il ne fait donc point une affaire de crosser la petite Pompadour, et de la traiter comme une fille de l'Opéra, ayant grande expérience de cette sorte d'espèce de femme, et de toute femme. Toute maîtresse qu'elle est du roi, toute dominante qu'elle est à la cour, il la tourmentera, il l'excédera, et voilà déjà un grand changement à la cour dans le mauvais traitement de son favori la Vallière.

Cette sortie de Richelieu contre La Vallière amena la querelle à sa période aiguë. « Un courtisan qui arrive de la cour m'écrit que la brouillerie entre le duc de Richelieu et la marquise de Pompadour était montée à un point extrême, et que cela ne pouvait durer absolument sans que l'un culbutât l'autre. Le maréchal de Richelieu abordant cette dame la dernière fois qu'il lui a parlé, lui a demandé : « Croyez-vous, madame, que M. de la Vallière s'accommodât d'une charge de directeur général des Menus-Plaisirs? » Elle lui aurait répondu, sérieusement et froidement : « Cela ne conviendrait pas à un homme comme lui. » On attendait hier la grande nouvelle de savoir si le maréchal de Richelieu assisterait à l'opéra de la marquise sur le grand escalier. »

D'Argenson écrivait cela le 11 janvier, que déjà la lutte avait pris fin. Il n'avait fallu pour cela rien moins que l'intervention du roi. Un jour, Louis XV dit à l'improviste au duc : « M. de Richelieu, combien de fois avez-vous été à la Bastille? » — « Trois fois » répondit le maréchal sans se troubler. Sur ce, le roi se mit à en discuter les causes : le duc comprit et battit en retraite (1).

En cédant, Richelieu s'attira le blâme de tous les adversaires politiques de la favorite, qui avaient compté sur lui pour faire naître une crise de cette question de coulisses et pour hâter la disgrâce de madame de Pompadour.

Le duc de Richelieu a perdu son procès à l'opéra des cabinets. Réglé qu'on s'adressera seulement à lui pour les artistes nécessaires à ce spectacle interne, mais que, hors de cela, et quand on le représentera, M. de la Vallière sera derrière le roi pour prendre les ordres de Sa Majesté, et que le duc de Richelieu n'y assistera que parmi les courtisans ordinaires..... On prétend qu'il a suivi le règlement jeudi dernier, mais on doutait qu'il le suivît hier et qu'il assistât à cet opéra..... Les affaires du maréchal de Richelieu semblent ne pas bien aller à la Cour : les ballets s'exécutent toujours sous les ordres du duc

(1) *Mémoires du marquis d'Argenson*, 19 janvier 1749.

de la Vallière. On se moque de lui en cette décision, mais peut-être le quart d'heure des vengeances arrivera-t-il et emportera-t-il la disgrâce de la marquise (1).

Le duc de Luynes avait su plus tôt et mieux que d'Argenson la fin de la querelle. Son récit fait surtout bien ressortir l'habileté dont Richelieu fit preuve pour rentrer en grâce, une fois qu'il vit la partie perdue.

J'ai vu aujourd'hui M. de Richelieu, écrit-il le 8 janvier. Il ne convient pas d'avoir écrit de Gênes au roi sur cette affaire; il dit qu'on lui en a beaucoup écrit, mais qu'il est arrivé ici sans être bien instruit de la forme que l'on avoit donnée à ces divertissements; qu'il les regarde comme des amusements personnels de madame de Pompadour, et que, par cette raison, il ne seroit pas juste que les gentilshommes de la chambre se mêlassent de certains détails, mais que madame de Pompadour n'avoit jamais eu l'intention de faire le moindre tort à ces charges; que personne ne l'avoit instruite des droits qui leur sont attachés. M. de Richelieu ajoute qu'il a cru devoir représenter que les charges à la Cour ne perdoient de leurs fonctions que par des abus que l'on laissoit introduire sensiblement..... M. de Richelieu a donc jugé à propos de faire connoître tout ce qui appartenoit à sa charge, bien résolu cependant de ne faire aucun éclat ni rien qui pût donner le moindre sujet de peine à madame de Pompadour. Comme il l'a trouvée dans les mêmes dispositions, et que M. de la Vallière, de son côté, est entré dans toutes les voies de conciliation avec la plus grande douceur et les plus grandes marques d'amitié pour M. de Richelieu, tout a été facile à terminer. On est convenu, à l'égard du théâtre qui existe actuellement, qu'il ne seroit fait aucun changement, mais que dorénavant tout ce qui seroit nécessaire pour ces sortes d'amusements, en constructions, décorations, habillements, etc., seroit pris dans les magasins des Menus sur les ordres de madame de Pompadour, qui prieroit le premier gentilhomme de la chambre de vouloir bien ordonner, et que l'intendant des Menus feroit exécuter; que tout se passeroit de même par rapport au loyer des pierres fausses et aux musiciens de la chambre dont on auroit besoin, aux voitures dont on auroit besoin, et au payement par le trésorier des Menus; tout cet arrangement n'empêchant point que M. de la Vallière continue à s'en mêler comme il a fait jusqu'à présent.

Ainsi se termina cette grande querelle entre la marquise et Richelieu. Le seul qui y gagna quelque chose fut le duc de la Vallière, qui reçut le cordon bleu, sans doute pour lui faire oublier les insolences qu'il avait reçues en pleine figure avec un rare sang-froid. Richelieu, au contraire, ne recueillit dans cette affaire que les amers reproches du parti qui avait attendu de son adresse un plus heureux résultat.

(1) *Mémoires du marquis d'Argenson*, 12 janvier 1749.

M. de Richelieu est trop attaché à la bagatelle du théâtre des ballets; ses affaires commencent à mal aller. On dit qu'il s'est conduit comme un fol; il est trop déclaré contre la maîtresse, et celle-ci reprend le dessus. On la regarde comme aussi forte et plus forte que le cardinal de Fleury dans le gouvernement. Malheur à qui ose se buter aujourd'hui contre elle! elle joint le plaisir à la décision, et le suffrage des principaux ministres à l'habitude qui se forme de plus en plus chez un monarque doux et tendre. Mais malheur à l'État gouverné ainsi par une coquette! On crie de tous côtés. Ainsi donc, c'est regimber contre l'éperon que de se révolter aucunement contre elle. M. de Richelieu l'éprouve : il devait abandonner cette bagatelle de la salle des ballets pour suivre de plus grandes choses, plus capitales, plus vertueuses. Il lui eût suffi de ne point assister à ces opéras et de s'en abstenir par hauteur, dès que sa charge en était blessée. Les billets qu'il donne aux musiciens sont tournés ainsi : *Un tel se rendra à telle heure pour jouer à l'Opéra de madame de Pompadour*. Il a du dessous à chaque pas. Les bons amis de ceux qui prétendent à quelque chose leur conseillent hautement de cheminer par madame la marquise; il faut lui rendre hommage (1).

Pendant toute la durée de cette discussion, madame de Pompadour, pour ridiculiser son ennemi, avait donné ordre au lieutenant de police Berrier de laisser vendre partout des bijoux nommés *plaques de cheminée*, avec une chanson dans laquelle on persiflait l'heureux vainqueur de madame de la Popelinière : bijoux et chanson, on criait le tout jusque dans les théâtres. Comment se vengea le duc? Lors d'un voyage à la Muette, la marquise s'étant trouvée incommodée, le vindicatif gentilhomme trépigna et fit du vacarme toute la nuit au-dessus de sa tête (2).

Au reste, les difficultés soulevées par le premier gentilhomme de la chambre n'avaient pas interrompu un seul instant le cours des représentations. Le jeudi 9 janvier 1749, on avait repris le prologue des *Eléments*, les actes du *Feu* et de *l'Air*, et *Philémon et Baucis*, avec les mêmes acteurs que le 23 décembre précédent, sauf madame de Brancas, qui avait cédé le rôle de Junon à madame Trusson.

Le mercredi 15, encore même spectacle, excepté qu'à l'acte du *Feu*, des *Eléments*, on substitua celui de *la Terre*, ainsi monté :

Pomone......	(*Mlle Lemaure*).	*Mme de Pompadour.*
Une Bergère..	(*Mlle Mignier*)..	*Mme de Marchais.*
Pan..........	(*Chassé*)........	*Le chevalier de Clermont*
Vertumne	(*Murayre*)......	*Le vicomte de Rohan.*

(1-2) *Mémoires du marquis d'Argenson*, 19 et 12 janvier 1749.

La Reine assistait à cette représentation ainsi qu'à celle du lendemain (jeudi 16), où l'on rejoua *la Mère coquette*, de Quinault, et la farce de l'*Opérateur chinois*. Le Dauphin et Mesdames s'y rendirent, mais non la Dauphine qui continuait à garder la chambre. Au spectacle de la veille, M. de Richelieu et M. de la Vallière, réconciliés, étaient tous deux derrière le fauteuil du Roi, le premier à gauche. A la soirée du jeudi, M. de Richelieu se tenait à la porte, où il ne resta qu'un instant avant de partir pour Paris; M. de la Vallière était à droite, derrière le fauteuil du Roi, et M. d'Ayen, qui ne jouait pas, à gauche.

Le jeudi 23 janvier, on représenta deux nouveautés : le prologue de l'opéra de *Phaéton*, de Quinault et Lulli, et l'opéra un peu raccourci d'*Acis et Galatée*, de Campistron et Lulli (1).

Le prologue de *Phaéton* était interprété ainsi :

Astrée.............. *Mme de Brancas.*
Saturne............. *Le duc d'Ayen.*

Et l'opéra d'*Acis et Galatée* :

Galatée.................	*(Mlle Le Rochois).*	*Mme de Pompadour.*
Aminthe....................	....	*Mme de Marchais.*
Une Nayade...........	....	*Mme de Marchais.*
Acis....................	*(Duméni)*.......	*Le vicomte de Rohan.*
Polyphême..............	*(Dun)*..........	*M. de la Salle.*
Tircis..................	....	*Le chevalier de Clermont.*
Neptune...............	....	*Le chevalier de Clermont.*
Le grand-prêtre de Junon.	....	*Bazire*, de la musique du Roi.

DANSE : *MM. de Courtenvaux* et *de Langeron.*

De la famille royale, Mesdames assistaient seules à ce spectacle, mais il y avait deux nouveaux auditeurs privilégiés : M. de La Suze et M. de Turenne.

La seconde représentation d'*Acis et Galatée* eut lieu le lundi 10 février; mais on retrancha le prologue de *Phaéton*, à cause des quatre vers suivants qui n'étaient pas de circonstance, la Dauphine venant de faire une fausse couche.

Il calme l'univers, le ciel la favorise,
Son auguste rang s'éternise.
Il voit combler ses vœux par un héros naissant.
Tout doit être sensible au bonheur qu'il ressent.

(1) Le *Phaéton* de Lulli avait été représenté à l'Opéra le 27 avril 1683, et son *Acis et Galatée* le 17 septembre 1686.

Le jeudi 13 février, on représenta trois actes, dont le premier et le troisième entièrement nouveaux. C'était d'abord *Jupiter et Europe*, paroles de Fuselier, musique de Duport, huissier de la chambre, et de Dugué, de la musique du Roi.

Europe................ *Mme de Pompadour.*
Palès, déesse des bergers. *Mme Trusson.*
Jupiter, travesti......... *M. de la Salle.*
DANSE : *M. de Langeron.*

Puis venait l'acte des *Saturnales*, des *Fêtes grecques et romaines*, l'opéra de Fuselier et Colin de Blamont, dont on avait déjà représenté un acte l'année précédente :

Délie........... *(Mlle Antier)....* *Mme de Brancas.*
Plautine........ *(Mlle Souris)....* *Mme de Marchais.*
Tibulle......... *(Murayre)......* *Le chevalier de Clermont.*

et enfin *Zélie*, paroles de Cury, intendant des Menus, musique de Ferrand, le claveciniste attitré du théâtre de madame de Pompadour.

Zélie, nymphe de Diane...... *Mme de Pompadour.*
L'Amour.................... *Mme de Marchais.*
Lymphée, sylvain............ *M. le duc d'Ayen.*

M. de Courtenvaux, qui devait danser dans les trois actes, ne le put pas à cause d'un effort qu'il s'était donné la veille à la répétition. Il n'y eut que M. de Langeron qui dansa, et il remporta un grand succès, ainsi que les enfants du corps de ballet. Les danses de Dehesse furent trouvées charmantes et d'un goût nouveau ; bref, ce fut une soirée des plus agréables.

Aussi se hâta-t-on de rejouer les mêmes fragments quatre jours après, le lundi gras, 17 février : les acteurs étaient les mêmes, sauf M. de la Salle, qui remplaça avec avantage le duc d'Ayen dans le rôle de Lymphée.

Le lendemain, mardi gras, on donna la deuxième représentation des *Amours de Ragonde*, montés comme au premier jour (27 février 1748). « M. de Sourches fit Ragonde, écrit de Luynes. Il avait déjà exécuté ce rôle avec applaudissements, quoiqu'il ait une voix fort peu avantageuse et peu agréable, mais c'est assez ce qui convient au personnage de Ragonde. » Le spectacle se termina par une pantomime composée et jouée par Dehesse, *Chasseurs et petits Vendangeurs* (1). Un petit danseur

(1) Ce ballet avait été donné à la Comédie italienne le 24 septembre 1746.

d'environ cinq ans fit l'ornement principal de ce ballet, tant il montra de grâce et d'agilité. C'était le petit Vicentini ; à côté de lui, la petite Foulquier se distingua aussi par sa gentillesse. La représentation finit à huit heures, et le Roi alla, selon l'usage, souper dans ses cabinets avec les personnes qui avaient assisté au spectacle : ce soir là ils étaient trente-quatre à table.

Le mercredi 26 février, première représentation de *Silvie*, pastorale héroïque en trois actes, précédée d'un prologue, paroles de Laujon, musique de Lagarde et ballets de Dehesse.

Prologue :

Diane .... *M*[me] *Trusson.*
L'Amour.............. *M*[me] *de Marchais.*
Vulcain................ *Le chevalier de Clermont.*
Danse : *M. de Courtenvaux* (un Cyclope).

Pièce :

Silvie, nymphe de Diane... *M*[me] *de Pompadour.*
Daphné, nymphe de Diane. *M*[me] *Trusson.*
L'Amour.................. *M*[me] *de Marchais*
Amintas, chasseur......... *Le duc d'Ayen.*
Hylas, faune............. *Le marquis de la Salle.*
Un Chasseur............. *Le vicomte de Rohan.*

Le sujet du prologue, écrit Luynes, est l'Amour qui, n'ayant plus de traits dans son carquois, vient en demander de nouveaux à Vulcain, qui ordonne sur-le-champ aux Cyclopes de travailler pour ce que désire l'Amour. Ce sujet est entièrement d'imagination. C'est une nymphe de Diane poursuivie par un faune, qui en est amoureux et veut l'enlever. Elle aime Amintas et croit que ce n'est que de l'amitié ; elle est en garde contre l'Amour. Amintas lui déclare sa passion. Elle l'écoute, et aussitôt se reconnaissant coupable, et que Diane va faire éclater sa fureur contre elle, elle veut se percer d'un de ses traits. Elle se blesse en effet ; mais il se trouve que c'est d'un des traits que Vulcain, dans le prologue, venait de faire forger pour le carquois de l'Amour... Les paroles sont fort jolies et la musique charmante. C'est un des plus jolis divertissements que l'on ait joués jusqu'à présent dans les cabinets. Il paraît que tout le monde en est content (1).

(1) La *Sylvie* de Laujon fut jouée à l'Opéra le 11 novembre 1766, avec une musique nouvelle de Berton et Trial. Daus le prologue, Larrivée jouait Vulcain; mademoiselle Avenaux, Diane; et madame Larrivée, l'Amour. Dauberval figurait le Cyclope. Dans l'opéra, Sophie Arnould représentait Sylvie; madame Larrivée, l'Amour; mademoiselle Avenaux, Diane; mesdemoiselles Dubois l'aînée et Dubreuil, deux de ses nymphes. Legros jouait Amintas; Larrivée, Hylas; et Durand, le Chasseur.

On en fut même si content, qu'on redonna le même spectacle le mercredi 5 mars, afin que la Reine, le Dauphin, la Dauphine, Madame Infante et Mesdames pussent le voir : même succès qu'au premier soir.

Le lundi 10, deuxième représentation de l'acte de *la Terre*, des *Eléments*, et troisième représentation de *Zélie* et de l'acte des *Saturnales*, dans *les Fêtes grecques et romaines* : pas de changements d'interprètes. La Reine, le Dauphin et sa femme, Madame Infante et Mesdames assistaient encore à cette soirée.

Le jeudi 13, première représentation du *Prince de Noisy*, opéra en trois actes de La Bruère, musique de Rebel et Francœur, qui passa pour le plus beau qu'on ait vu sur ce théâtre, sous le rapport des décorations (1).

Dès qu'on avait commencé les répétitions, cet opéra était devenu le sujet des conversations de toute la cour. Le duc de Luynes écrivait à ce propos le 11 mars : « Les répétitions sont, comme on peut croire, très fréquentes pour les opéras des cabinets, d'autant plus qu'on y exécute plusieurs actes composés exprès pour ce divertissement. C'est M. de la Vallière et madame de Pompadour qui donnent des places à ceux et à celles qui ont curiosité d'entendre ces répétitions. Cette curiosité est fort étendue, et l'on y admet beaucoup de monde, non-seulement de la cour et de la ville, mais même des étrangers. Les princes de Wurtemberg y ont été, M. de Centurione, Génois, et plusieurs autres. M. de Bernstorff, envoyé de Danemark, qui a de l'esprit et du goût, et qui est fort connu de madame de Pompadour, a été même à plusieurs représentations, à la vérité dans une des petites loges d'en haut qui donne sur le théâtre et où l'on n'est point vu. »

Le Druide, enchanteur...................... *M. le duc d'Ayen.*
Alie, sa fille.................................. *Mme de Marchais.*
Le prince de Noisy, sous le nom de Poinçon.... *Mme de Pompadour.*
Un Druide, grand-prêtre, ordonnateur des jeux. *M. le vicomte de Rohan.*
Moulineau, géant et magicien................. *M. le marquis de la Salle.*
Un suivant de Moulineau...................... *M. le chevalier de Clermont.*

DANSE : *Le marquis de Courtenvaux, le marquis de Langeron, le comte de Melfort* (début), *le marquis de Beuvron* (début), et tous les enfants de la danse.

(1) Repris à l'Opéra le 16 septembre 1760.

Cet opéra était une imitation très lointaine du joli conte d'Hamilton, *le Bélier*, combinée avec la comédie de Dumas d'Aigueberre, *le Prince de Noisy*, et surchargée de tous les enjolivements de la galanterie précieuse et raffinée de l'époque. L'intrigue est des plus simples. Le petit Poinçon, qui ignore lui-même son titre de prince de Noisy, et le géant Moulineau se disputent le cœur de la princesse Alie, fille d'un druide quelconque, et, comme de juste, le gentil Poinçon finit par tuer en combat singulier son effroyable rival. Le principal mérite de cette pièce était de donner prétexte à de magnifiques décorations comme le temple de la Vérité, où les deux amants viennent consulter l'oracle, et d'amener beaucoup de danses qui étaient, au dire de Luynes, « très bien imaginées et exécutées dans la perfection. La musique, ajoute-t-il, est très agréable et dans le goût françois. » La marquise trouvait enfin dans le petit Poinçon un rôle très fatigant, mais qui lui convenait à merveille; elle s'y montra ravissante de grâce et de tendresse, et obtint un véritable triomphe.

Mercredi 19 et samedi 22 mars, deuxième et troisième représentations du *Prince de Noisy*, en présence de la Reine, du Dauphin et de la Dauphine, de Mesdames Adélaïde et Victoire. La représentation du 22, la dernière de l'année, fut, comme d'habitude, donnée pour la capitation, à l'exemple de l'Opéra de Paris.

Tant de succès ne mettaient pourtant pas les acteurs à l'abri de certaines mortifications d'amour-propre, comme celle que d'Argenson raconte en mars 1749 : « Il y a eu une aventure à un bal de la ville, à Versailles, où le roi était : une petite Cazaux, fille d'un officier du Gobelet, était masquée; madame de Brancas lui parla, et lui demanda si elle avait été à l'opéra des cabinets; elle dit que oui, et fit une description si critique du peu de talent des acteurs, qu'ils ont tous juré de ne plus jouer l'opéra; ils ont renoncé au théâtre. »

La morale de tout cela est qu'en cette seule année, les dépenses du théâtre des petits cabinets s'élevaient au moins à cent mille écus. M. de la Vallière, qui avait tout intérêt à ne pas exagérer le chiffre de la dépense, disait que les sommes dépensées pour la construction de la salle, pour les habits, pour les décorations et même pour les gratifications en bijoux ou en argent données aux musiciens, n'avaient pas dépassé ce chiffre de 100,000 écus. C'est déjà fort joli, surtout si l'on remarque qu'on avait fait usage de beaucoup de choses qui étaient dans le magasin des Menus-Plaisirs; et pourtant le duc de Luynes lui-même refuse de croire à cette affirmation, et assure que la somme énoncée par le duc de la Vallière est au-dessous de la vérité. Les libéralités de la favorite devaient encore

4

l'accroître. « L'on vient de donner des pensions à des artistes, pour services rendus à la marquise de Pompadour, écrit d'Argenson le 16 novembre 1749. Tribou, son maître à chanter, a 800 liv. sur le trésor royal; Lagarde, son maître de composition et qui a une voix si agréable, a 1,500 livres. » La marquise offrait, l'État payait.

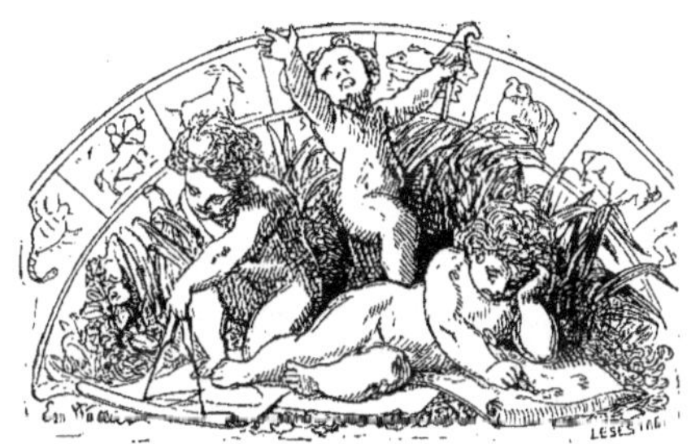

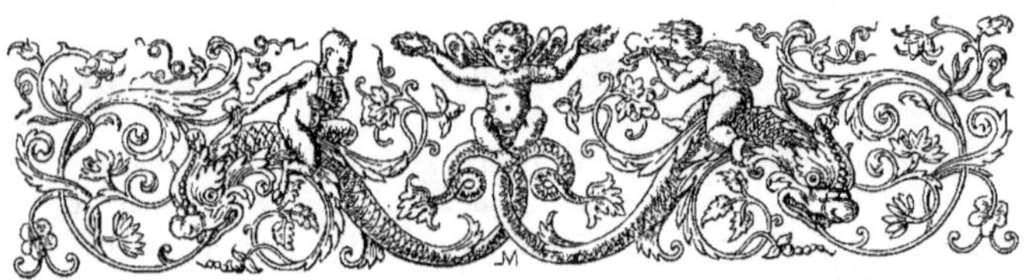

CHAPITRE V

QUATRIÈME ANNÉE

26 *Novembre* 1749. — 27 *Avril* 1750.

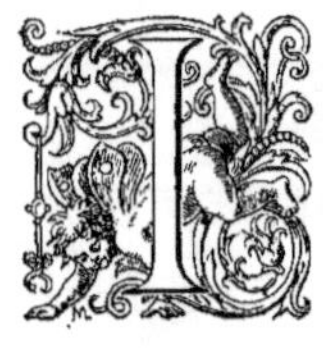

L y eut, comme chaque année, un relâche de près de huit mois; puis le théâtre rouvrit le mercredi 26 novembre par la première représentation d'*Issé*, pastorale héroïque en cinq actes (le prologue supprimé), paroles de La Mothe, musique de Destouches, jouée à l'Opéra en 1698.

Issé, nymphe, fille de Macarée.....	(*Mlle Le Rochois* ou *Desmâtins*.)	*Mme de Pompadour*.
Doris, sœur d'Issé.	(*Mlle Moreau*)................	*Mme de Marchais*.
Un Grand-Prêtre.	(*Hardouin*)....................	*Le duc d'Ayen*.
Hylas...........	(*Thévenard*)	*M. de la Salle*.
Pan.............	(*Dun*)	*Le chev. de Clermont*.
Apollon, sous le nom de Philémon.	(*Duményr*.....................	*Le vicomte de Rohan*.
Un Berger.......	(*Boutelou*)	....

Les nouveaux danseurs, M. de Beuvron et M. de Melfort, continuèrent leurs débuts dans *Issé*, dont les décorations excitèrent l'admiration générale, à commencer par un magnifique soleil composé de treize cents bougies.

Le lundi, 1er décembre, première représentation du *Philosophe marié*, de Destouches (1727), suivi du ballet de *l'Opérateur chinois*. Un nouvel acteur débutait dans la comédie, le chevalier de Pons, attaché au duc de Chartres.

Ariste................	*Le duc de Duras.*
Damon...............	*M. de Maillebois.*
Géronte..............	*Le duc de Chartres.*
Le marquis du Lauret..	*Le chevalier de Pons.*
Lysimon..............	*M. de Gontaut.*
Picart................	*Le chevalier de Clermont.*
Céliante..............	*Mme de Pompadour.*
Mélite................	*Mme de Marchais.*
Finette...............	*Mme de Livry.*

Cette pièce fut bien rendue, surtout par M. de Duras et madame de Pompadour; madame de Livry et madame de Marchais se firent aussi applaudir, mais le débutant ne paraît pas avoir fait sensation.

La comédie de Destouches obtint un si grand succès qu'elle fut reprise le jeudi 11 avec le divertissement nouveau des *Quatre Ages en récréation*, de Dehesse. Le théâtre représentait un hameau sur le devant et une forêt dans le fond. On voyait dans ce bois les Quatre Ages. Le premier était guidé par Dehesse habillé en gouvernante. Le second, quittant le jeu du volant pour la danse, paraissait conduit par M. de Courtenvaux, en magister. Le troisième arrivait en dansant avec vivacité au son du tambourin, puis enfin le quatrième, représenté par des vieillards qui figuraient un pas de quatre avec leurs femmes. Tout se terminait par un colin-maillard général et par une contredanse animée.

Le même jour, on inaugura dans la salle un nouveau balcon qui avait été construit en fort peu de temps; il était au-dessus des places qui sont derrière le Roi, et s'étendait des deux côtés au-dessus des galeries. Cette modification, donnant un grand nombre d'excellentes places, permit à la marquise de satisfaire bien des convoitises et d'apaiser bien des jalousies.

Le mardi 16 et le dimanche 21, on donna deux nouvelles représentations d'*Issé* : l'opéra plut beaucoup, et les acteurs eurent autant de succès que le premier soir, sans pourtant rivaliser avec le fameux soleil de treize cents bougies.

Le spectacle fut interrompu, comme l'année précédente, à cause des cérémonies du premier jour de l'an. On rouvrit le samedi 10 janvier 1750 par une reprise des *Dehors trompeurs ou l'Homme du jour*, comédie de Boissy déjà jouée en janvier 1748. La distribution demeura la même à quelques changements près. Madame de Marchais remplaçait madame de Pons dans le rôle de la marquise; le chevalier de Pons, continuant ses débuts, jouait le marquis à la place du duc de Nivernois; enfin le comte de Frise, neveu du comte de Saxe, faisait son entrée dans la troupe en doublant M. de Gontaut dans le petit rôle du valet Champagne.

Après la comédie vint la première représentation des *Bûcherons ou le Médecin de village*, ballet-pantomime de Dehesse. Le théâtre représente une forêt; plusieurs ouvriers y coupent et élaguent des arbres, leurs femmes viennent leur apporter à manger. L'un des bûcherons tombe du haut d'un arbre; le médecin et le chirurgien se disputent sur le traitement du blessé, lui coupent un bras et une jambe et se prennent aux cheveux... Le bailli arrive et ordonne qu'on restaure le blessé; on lui remet la jambe à la place du bras et *vice versa :* le tout finit par une contredanse. Le principal mérite de cette pantomime était de ne durer qu'un quart d'heure; on applaudit sa brièveté.

Quatre jours après (mercredi 14 janvier), on représenta *les Fêtes de Thétis,* opéra en deux actes, précédé d'un prologue, paroles de Roy; musique, pour le prologue et le premier acte, de Colin de Blamont, et pour le second, de Bury.

Prologue :

Thétis................ *Mme de Marchais.*
La Seine.............. *Mme Trusson.*
Mercure............... *Le duc d'Ayen.*

Premier acte, *Sisyphe amoureux d'Egine :*

Egine................. *Mme de Pompadour.*
Jupiter............... *M. de la Salle.*
Sisyphe............... *Le chevalier de Clermont.*

Second acte, *Titon et l'Aurore :*

L'Aurore.............. *Mme de Pompadour.*
Hébé.................. *Mme de Marchais.*
Titon................. *Le vicomte de Rohan.*
Le Soleil............. *Le marquis de la Salle* (1).

DANSE : *MM. de Melfort, de Courtenvaux, de Beuvron* et les chœurs.

(1) Cet acte seul fut repris à l'Opéra le 18 février 1751. Mademoiselle Lemierre jouait Hébé; Jélyotte, Titon; mademoiselle Romainville l'Aurore; et Lepage, le Soleil.

Le sujet du prologue était Thétis qui se plaignait de ce que la guerre, déclarée de tous côtés, interrompît le commerce : l'ouvrage entier fut jugé assez médiocre, peut-être parce qu'il durait autant qu'un opéra en cinq actes. On trouva trop d'uniformité dans la musique, surtout au prologue et au premier acte. Madame de Marchais était si fort enrhumée qu'on l'entendait à peine; mais madame de Pompadour fut fort applau die, surtout dans son ariette finale.

Le jeudi 22, deuxième représentation de cet opéra. Soirée assez terne, mais qui fit ressortir d'autant les talents de madame de Pompadour. Croyons-en son ennemi, le marquis d'Argenson : « On ne parle que de l'accroissement de la faveur de la marquise; elle seule a pu amuser le Roi, elle vient de jouer son opéra, dont le poëte Roy a fait les paroles, avec des grâces qu'elle seule a possédées. »

En voyant la médiocre réussite des *Fêtes de Thétis*, la troupe s'était hâtée de remonter une comédie, et, le mercredi 28, elle rejoua *le Préjugé à la mode*, suivi de la seconde représentation du ballet des *Quatre Ages*. La comédie de La Chaussée n'avait pas été donnée depuis le 18 mars 1747; aussi y avait-il plusieurs changements de rôles :

Dorval........	*M. de Duras.*
Damon	*M. de Maillebois.*
Argant........	*M. le duc de Chartres*, au lieu de *M. de Croissy.*
Clitandre......	*M. de Pons*, au lieu de *M. de Voyer d'Argenson.*
Damis	*M. de Voyer*, au lieu de *M. de Coigny*,
Henri.........	*M. le comte de Frise*, au lieu de *M. de Gontaut.*
Constance.....	*Mme de Pompadour.*
Sophie........	*Mme de Marchais*, au lieu de *Mme de Pons.*
Florine	*Mme de Livry.*

Le mercredi 4 février, reprise, avec corrections, d'*Erigone* et de *Zélie*. Les acteurs demeuraient les mêmes, sauf madame de Brancas, remplacée par madame Trusson dans Antonoé, et le chevalier de Clermont qui remplaçait M. de la Salle dans le suivant de Bacchus, d'*Érigone*.

C'était assez de reprises : aussi donna-t-on trois premières représentations pour fêter le mardi-gras, 10 février. On commença par un fragment d'une comédie de Dancourt, *la Foire Saint-Germain*, jouée le 19 janvier 1696 à la Comédie-Française.

Mlle Mousset, marchande de modes......	*Mme de Livry.*
Lorange, marchand de café, en arménien.	*Le duc de Duras.*

Le chevalier de Castagnac, gascon.......	*Le marquis de Voyer.*
Urbine, gasconne....................	*Mme de Brancas.*
Clitandre, amant d'Angélique...........	*Le chevalier de Pons.*
Le Breton, son valet...................	*Le comte de Maillebois.*
Angélique	*Mme de Marchais.*
Mme Isaac, sa gouvernante...............	*Le marquis de Sourches.*
Jasmin, laquais d'Angélique............	*Le chevalier de Clermont.*
M. Farfadel, banquier..................	*Le duc de Chartres.*
Mlle de Kermonin, bretonne............	*Mme de Pompadour.*
Marotte, grisette......................	*Mme Trusson.*

Puis venait un second fragment, composé de scènes des *Petites Vendanges*, de Dancourt, et du *Secret révélé*, une ancienne comédie de Brueys et Palaprat assez peu amusante, qui avait dû son succès — au Théâtre-Français, en 1790, — au jeu des deux principaux acteurs :

Lucas (Thibault), vigneron.	*(Raisin le cadet).*	*Le duc de Chartres.*
Eraste, amant de Claudine..	....	*Le chevalier de Pons.*
Oronte, bourgeois, son rival.	....	*Le marquis de Voyer*
Margot, femme de Lucas...	....	*Mme de Brancas.*
Claudine, nièce de Lucas...	....	*Mme de Pompadour.*
Lolive, valet d'Eraste......	....	*Le comte de Frise.*
Colin, valet de Lucas......	*(De Villiers)...*	*Le duc de Duras.*
Un Laquais..............	....	*Le chevalier de Clermont.*

La soirée se termina par la première représentation d'un ballet pantomime, *Mignonnette*, dû à la collaboration de Dehesse, Lanoue, Lagarde et Tribou. C'était l'histoire d'un géant amoureux de la princesse Mignonnette. Les quatre auteurs jouaient les rôles du géant Nigrifer, du génie Luisant, de l'esclave Ziblis et du suivant Magotin. La petite Foulquier, âgée de neuf ans, représentait la princesse, et le petit Vicentini, âgé de six, jouait le rôle du prince Hochet, amant de Mignonnette. Ce qui plut davantage dans la pièce fut une danse intitulée *le Ballet des Chiens*. Ce petit divertissement avait, au dire de d'Argenson, coûté la bagatelle de cinquante mille écus.

Le mercredi 18, on donna en présence du Dauphin et de Mesdames une nouvelle représentation d'*Erigone* et de *Zélie*, jouées comme la dernière fois. La Reine n'y assistait pas.

Le mercredi 25, première représentation de *la Journée galante*, opéra-ballet en trois actes, paroles de Laujon, danses de Dehesse, musique de Lagarde. Les trois actes de cet opéra avaient des titres différents.

Le premier était *la Toilette de Vénus*:

Vénus............... *Mme de Pompadour.*
Mars................ *M. de la Salle.*

Les Graces : *Mlles Puvigné* (1), *Camille, Chevrier.*

Le second, *Les Amusements du soir ou la Musique,* avait déjà été représenté au théâtres des cabinets, le 13 janvier 1748, sous le titre d'*Eglé*. Le duc d'Ayen conservait le personnage d'Apollon, madame de Marchais remplaçait madame de Pompadour dans le rôle d'Eglé, et madame Trusson, madame de Brancas dans celui de la Fortune.

Le troisième, *la Nuit ou Léandre et Héro :*

Héro, prêtresse de Vénus. *Mme de Pompadour.*
Léandre, amant d'Héro... *M. de Rohan.*
Neptune....... .... *M. de Clermont.*

Danse : *MM. de Melfort, de Beuvron* et *de Courtenvaux.*

Musique et paroles, tout parut agréable dans cet ouvrage : le second acte plut infiniment, le troisième fut moins goûté parce qu'il comprenait une tempête très longue et très difficile à rendre par le petit orchestre du théâtre.

Madame de Pompadour et ses amis avaient abordé avec succès la comédie, l'opéra, le ballet; il ne manquait à leur couronne qu'un fleuron, la tragédie. Ils prétendirent le posséder, et le samedi 28 février, ils représentèrent l'*Alzire* de Voltaire, jouée à la Comédie le 27 janvier 1736.

Don Alvarès........	*M. de Pons.*
Don Gusman........	*M. de Maillebois.*
Montès.............	*M. de la Salle.*
Zamore.............	*M. de Duras.*
Un Américain.......	*M. de Clermont.*
Alonze.............	*M. de Frise.*
Alzire.............	*Mme de Pompadour.*
Elmire............. Céphane............	*Mme de Marchais.*

Tout en affectant un grand courage, les nobles acteurs ne laissaient

(1) Cette jolie enfant avait conquis les bonnes grâces du directeur de la troupe. « M. de la Vallière s'est mis à entretenir la petite Puvigné, danseuse de l'Opéra, qui a à peine treize ans et qui n'est qu'une enfant; il fait construire pour lui des cabinets à sa maison des champs, à l'imitation du Roy; il doit de tous côtés. » (*Mémoires du marquis d'Argenson,* décembre 1748.)

pas d'être fort inquiets. « La pièce est difficile à jouer, dit le duc de Luynes, et les acteurs craignoient de ne pas réussir, de sorte qu'il y eut beaucoup moins de gens admis qu'à l'ordinaire. La pièce cependant fut fort bien jouée. Madame de Pompadour et M. de Duras surtout reçurent l'un et l'autre de grands éloges, qui leur étoient justement dus. » Le spectacle se termina par une petite pantomime, *les Sabotiers*, exécutée par le petit Vicentini et la petite Foulquier.

Le lendemain, Voltaire alla saluer la marquise à sa toilette et lui adressa cet impromptu, où il faisait galamment allusion à son succès de la veille.

Cette Américaine parfaite
Trop de larmes a fait couler.
Ne pourrai-je me consoler
Et voir Vénus à sa toilette ?

Le mercredi 4 mars, deuxième représentation de *la Journée galante*, de Laujon et Lagarde : tout marcha comme au premier jour. La Reine, le Dauphin et la Dauphine assistaient au spectacle. La présence de la Reine causa même une vive surprise à la cour et devint matière à de nombreux commentaires. « J'ai marqué que la Reine alla hier à l'opéra des petits cabinets, écrit Luynes; elle ne fut avertie qu'à six heures du soir; jusque-là elle avoit cru qu'elle n'iroit point, d'autant plus qu'elle n'y avoit point été depuis le mardi-gras. Personne ne sait la raison de ce changement; on a cru que le Roi auroit désiré que la Reine lui en parlât, et c'est ce que la Reine n'a jamais voulu faire. La Reine n'ayant donc fait aucune démarche, on ignore de même ce qui a déterminé le Roi de lui faire proposer d'aller hier à l'opéra. »

Deux jours après, la troupe ayant repris confiance rejoua *Alzire* devant un auditoire plus nombreux. Voltaire assistait à la représentation de son ouvrage qui fut encore mieux rendu que la première fois; malheureusement pour son amour-propre, il dut entendre le Roi exprimer tout haut son étonnement que l'auteur d'*Alzire* pût être le même qui avait fait *Oreste*. Cette brillante soirée fut terminée par un ballet-pantomime de Dehesse, *les Savoyards ou les Marmottes*, qui avait été joué à la Comédie italienne, le 30 août 1749, et dans lequel madame Favart dansait et chantait avec verve une chanson savoyarde française de Collé (1).

A ce moment le théâtre dut faire relâche plusieurs fois par suite d'in-

(1) Voir notre notice sur madame Favart (*Ménestrel*, février et mars 1872).

dispositions. « Il devoit y avoir spectacle dans les cabinets avant-hier, aujourd'hui et après-demain, — écrit Luynes le jeudi 12 mars, — on devoit jouer la comédie du *Méchant*, de M. Gresset, et deux fois l'opéra du petit Poinson, qui a déjà été joué dans les cabinets; un gros rhume de madame de Pompadour et la maladie de madame de Brancas douairière ont dérangé jusqu'à présent tout ce projet. L'on compte jouer ces deux pièces après la quinzaine de Pâques. »

En effet, le samedi 18 avril, la troupe reprit *le Méchant* qu'elle n'avait pas joué depuis plus de deux ans.

Cléon........ *Le duc de Duras.*
Géronte...... *Le duc de Chartres.*
Ariste........ *Le chevalier de Pons*, au lieu de *M de Maillebois*.
Valère .... *M. de Monaco* (début), au lieu de *M. de Nivernois.*
Frontin ...... *M. de Maillebois*, au lieu de *M. de Gontaut.*
Lisette .... *Mme de Pompadour.*
Chloé .... *Mme de Marchais*, au lieu de *Mme de Pons.*
Florise....... *Mme de Livry*, au lieu de *Mme de Brancas.*

Après la comédie vint un *Pas de six*, ballet-pantomime héroïque.

Deux faunes.... *MM. de Courtenvaux et de Langeron.*
Deux bergers... *MM. de Melfort et de Beuvron.*
Deux bergères.. *Les demoiselles Puvigné et Camille.*

Cette représentation ayant commencé fort tard ne se termina qu'à onze heures et demie : elle fut suivie d'un médianoche servi dans les cabinets.

Après cette double excursion dans le répertoire de la Comédie-Française, les nobles comédiens revinrent à la musique, et ils obtinrent leurs derniers succès, les samedi 25 et lundi 27 avril, dans deux représentations de ce charmant opéra du *Prince de Noisy*, qui resta le plus grand succès remporté, durant ces quatre années, par la troupe de la favorite.

Ces luxueux divertissements n'avaient pas été sans exciter de méchants propos et des satires où s'épanchait le dépit des mécontents de la cour et de la ville. L'argent n'était que le prétexte, la raison vraie était l'amour-propre froissé de ceux qui n'avaient pu se faire admettre au nombre des spectateurs.

On chansonna la nouvelle mode introduite par la favorite. Tant qu'on ne fit que chanter, il n'y eut pas grand mal; mais bientôt des satires virulentes et des pamphlets circulèrent en sous-main, qui s'attaquaient plus haut. C'est ainsi qu'on colportait des poésies emphatiques et violentes :

Parmi ces histrions qui règnent avec toi,
Qui pourra désormais reconnaître son Roy? (1)

Sur le trône français on fait régner l'amour.
La fureur du théâtre assassine la Cour.
Les palais de nos Roys jadis si respectables
Perdent tout leur éclat, deviennent méprisables ;
Ils ne sont habités que par des baladins! (2)

C'est ainsi qu'on pouvait lire dans *l'Ecole de l'homme ou Parallèle des portraits du siècle et des tableaux de l'Ecriture-Sainte,* des attaques comme celle-ci : « Lindor, trop gêné dans sa grandeur pour prendre une fille de coulisses..... se satisfait en prince de son rang : on lui bâtit une grande maison, on y élève exprès un théâtre où sa maîtresse devient danseuse en titre et en office; hommes entêtés de la vanité des sauteuses, insensés Candaules, ne pensez pas que le dernier des Gygès soit mort en Lydie. »

Lindor-Louis XV jugea qu'il était temps de restreindre ces amusements. Madame de Pompadour venait précisément de se faire construire— sur ses épargnes, assurait sans rire M. de Tournehem—le délicieux château de Bellevue, qui avait coûté près de trois millions. La marquise n'avait pas oublié l'actrice dans l'ordonnance intérieure du château, et elle y avait fait construire un charmant petit théâtre. Le roi, tout heureux de pouvoir atténuer le mauvais effet que ces divertissements faisaient dans le public sans nuire aux succès dramatiques de la marquise, mit en avant les dépenses excessives occasionnées par ces fêtes, et décida qu'il n'y aurait plus à Versailles ni comédies, ni ballets, ni chant, ni danse, et que les spectacles particuliers auraient lieu désormais au château de Bellevue.

(1-2) Bibliothèque nationale. *Manuscrit Clairambault*, février 1749.

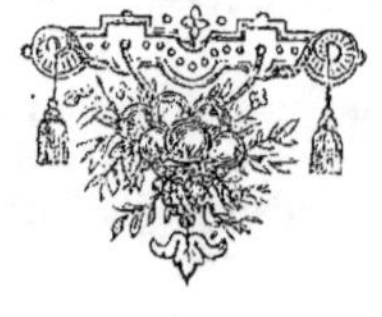

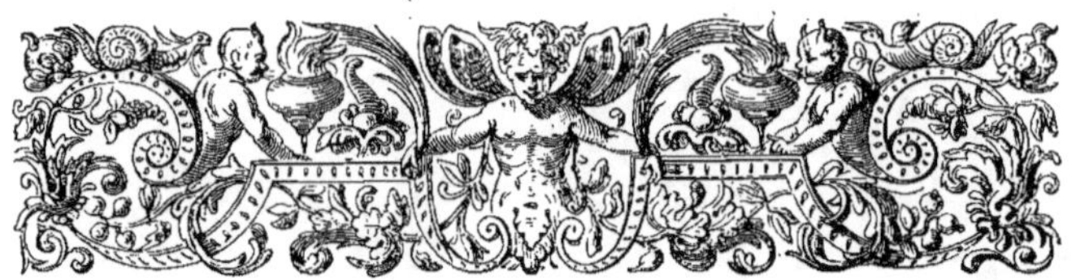

CHAPITRE VI

THÉATRE DE BELLEVUE

27 Janvier 1751. — 6 *Mars* 1753.

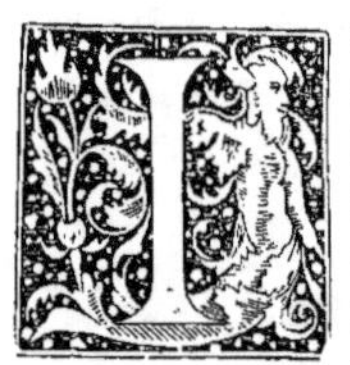

L s'en fallait bien que le théâtre de Bellevue, malgré son éclatante décoration à la chinoise, fût aussi brillant et aussi commode que les deux salles précédentes. Il était extrêmement petit, et l'on dut, par suite, restreindre le nombre des élus. La société intime de Louis XV et de madame de Pompadour y était seule admise : c'étaient les acteurs ordinaires qui ne jouaient pas dans la pièce, puis quelques favoris du roi, comme MM. de Soubise, de Luxembourg, de Richelieu. Ce dernier avait fini par s'imposer à la marquise, qui, de guerre lasse, avait été obligée de supporter sa présence. Le Roi ne lui avait-il pas dit avec malice, un jour qu'elle ne voulait pas inviter le duc à un voyage au *petit château* : « Vous ne connaissez pas M. de Richelieu ; si vous le chassez par la porte, il rentrera par *la cheminée.* »

Ce fut le mercredi 27 janvier 1751 qu'eut lieu l'inauguration du nouveau théâtre. On joua d'abord *l'Homme de fortune*, comédie en cinq actes, que La Chaussée avait composée à cette intention, puis un ballet allégorique, *l'Amour architecte,* avec changements à vue. La comédie n'eut aucun succès, pas même celui d'indulgence, qu'une pièce a communément quand elle est représentée en société.

A défaut du duc de Luynes, qui garde sur cette soirée un silence discret, Collé dévoile les raisons de ce double échec :

Suivant ce qu'on m'en dit, et ce que j'en ai ouï dire à La Chaussée lui-même, cette pièce n'a pas trop réussi : les acteurs ne savoient pas leur rôle. Le duc de Chartres n'étoit pas sûr du sien ; la tête tourna au duc de La Vallière ; la mémoire de la Marquise travailla aussi ; bref, tous ces honnêtes comédiens n'étoient pas, à beaucoup près, aussi fermes sur leurs étriers qu'ils auroient dû l'être, pour soutenir une pièce qui n'est pas trop bonne par elle-même, à ce qu'on dit, et qui auroit, au contraire, eu grand besoin du prestige de la représentation.

On ne conçoit pas quelle a été la fureur de madame de Pompadour de jouer cette comédie, où je sais qu'il y a des traits dont on n'a pas manqué de faire des applications, du moins pendant qu'on la répétoit. On en a pourtant retranché des vers tels que celui-ci, qui n'a été ôté qu'à l'avant-dernière répétition :

Vous, fille, femme et sœur de bourgeois, quelle horreur !

Ce vers étoit dans le rôle du duc de Chartres ; il a été supprimé, ainsi que quelques endroits qui attaquoient l'injustice des fortunes faites par la voie de la finance.

Mais on y a laissé la scène du généalogiste qui s'engage à faire descendre un bon bourgeois, qui a acquis et qui porte le nom d'une terre titrée, des seigneurs à qui cette terre appartenoit autrefois.

L'application qu'on en peut faire à la situation présente et future de madame de Pompadour est si naturelle, qu'il n'y a point de courtisan, si bas et si asservi qu'il soit, qui ait pu s'en tenir. . . . .

Après cette comédie on exécuta un ballet intitulé : *l'Amour architecte*. Le théâtre représentoit Meudon ; dans le lointain et sur le devant, la montagne sur laquelle on a bâti Belle-Vue. Des amours, après avoir admiré cette situation, bâtirent ce château et dansèrent de joie après cette équipée.

Il est étonnant que madame de Pompadour ait été assez mal conseillée pour donner au Roi un ballet aussi indécent, dans des circonstances où tout le monde crie que c'est elle qui inspire au Roi la fureur des bâtimens et des autres dépenses inutiles qu'il fait. Ce ballet n'a point du tout pris à la Cour ; il n'a été donné que cette seule fois ; on peut juger ce qu'on en a dit en ville (1).

La seconde représentation eut lieu le samedi 20 février. On joua *la*

(1) Journal de Collé (janvier 1751).

Mère coquette, de Quinault, suivie des *Trois Cousines*, de Dancourt, et de *M. de Pourceaugnac :* le Roi parut beaucoup s'amuser.

Puis vint la visite du duc des Deux-Ponts à Bellevue, qu'on célébra par un divertissement auquel le Roi assista après avoir tenu un conseil d'État dans la journée. Cette fête eut lieu le jeudi 6 mai 1751. « Il y a aujourd'hui comédie à Bellevue — écrit d'Argenson, — c'est pour régaler le duc des Deux-Ponts. L'on dit que l'on songe à le convertir à la foi catholique, et que, pour cela, on lui donne la comédie ; qu'on va aussi le tâter pour le cordon bleu. »

On représenta un nouvel opéra en trois actes, *Zélisca*, et *le Préjugé à la mode.* La comédie fut jouée tout au mieux par le duc de Duras-Durval et madame de Pompadour-Constance. L'opéra de *Zélisca* avait été composé par Lanoue pour les fêtes du mariage du Dauphin, en 1746. Voltaire écrivait alors pour la même fête sa *Princesse de Navarre;* mais l'ouvrage de Lanoue eut la palme. Jélyotte le mit en musique, et il fut représenté à Versailles avec succès. Le Roi témoigna lui-même à l'auteur tout le plaisir qu'il y avait pris, et le duc d'Orléans le nomma directeur de son théâtre de Saint-Cloud. Cette nouvelle représentation de l'œuvre de Lanoue et Jélyotte ne fit pas moins de plaisir cette fois que la première, et le duc des Deux-Ponts s'en montra charmé.

Le 28 novembre 1751, on célébra la naissance du duc de Bourgogne en représentant un divertissement comique, *l'Impromptu de la Cour de marbre*, où l'auteur du poème, Favart, n'avait eu d'autre projet que de copier fidèlement quelques-unes des scènes qu'avaient produites le zèle et la joie du peuple sous les fenêtres du roi, pendant tout le jour et toute la nuit qui suivirent la naissance du prince. Dehesse avait composé les danses, et Lagarde la musique. Les trois auteurs jouaient le rôle de trois écrivains publics. Tribou représentait une savetière; mademoiselle Foulquier, une bouquetière ; et madame Favart, une Savoyarde (1).

La troupe chantante de Bellevue représenta, le 11 avril 1752, un grand opéra-ballet, *les Fêtes de Thalie*, dont le sujet était le triomphe de l'amour « dans les trois différents états du beau sexe : fille, femme et veuve. Cela forme trois fêtes différentes que Thalie donne sur le théâtre de l'Opéra, par l'ordre d'Apollon. » Les paroles étaient de Lafont; les danses, de Dehesse; et la musique, de Lagarde. Mesdames de Pompadour, de Marchais, de Choiseul, Fontaine, MM. de la Salle, de Turenne, de

(1) Luynes et Moufle d'Angerville ne notent cette pièce que le 27 avril suivant. Nous suivons le répertoire du théâtre, bien qu'un contre-temps ait pu faire retarder cette pièce, sans que la date fût changée sur le poème, imprimé d'avance.

Clermont et de Chabot, interprétaient ces trois entrées, ainsi qu'une quatrième, intitulée *la Provençale.* Tout le corps de ballet dansait dans chaque acte, avec les quatre nobles premiers danseurs (1).

Plus tard, il fallut consoler le Roi de la mort prématurée de sa fille chérie, Madame Henriette. La marquise organisa alors un spectacle qui dut d'abord avoir lieu le jeudi 25 avril 1752, mais qu'un rhume de madame de Pompadour fit remettre au samedi. Le programme comprenait, outre *l'Impromptu de la Cour de marbre*, un ballet héroïque, composé exprès pour cette fête, *Vénus et Adonis*, paroles de Collé, musique de Mondonville : la marquise y était désignée sous le nom de *reine de beauté*, et le Roi sous cette périphrase élégante : *le plus tendre des mortels* (2).

Vénus...... *Madame de Pompadour.*
Carite...... *Madame de Marchais.*
Mars....... *M. de Clermont*, remplaçant *M. de la Salle*, indisposé.
Adonis..... *Le vicomte de Chabot.*

Après l'opéra, il y eut un concert donné par deux hautbois italiens d'une grande habileté; puis vint le ballet, dans lequel dansèrent MM. de Courtenvaux, de Beuvron, de Melfort. Tout finit par un feu d'artifice sur le théâtre, qui devint — Luynes ne dit pas comment — une illumination ondoyante et transparente.

A quelques jours de là, M. de la Salle, qui avait dû bien regretter de ne pouvoir paraître dans cette soirée, reçut une preuve de la générosité de la marquise : son rare talent de chanteur fut récompensé par le don du gouvernement de la Marche. Voici ce qu'en dit le marquis d'Argenson, le 31 mai 1752 : « Le gouvernement d'une petite province nommée la Marche, qui vaquoit par la mort du marquis de Saint-Germain, vient d'être donné au marquis de la Salle. Des maréchaux de France et quantité de plus anciens lieutenants-généraux le demandoient, mais M. de la Salle est très agréable dans les cabinets et chante supérieurement bien dans les opéras qu'on y a donnés. »

(1) Aucun mémorialiste ne parle de cet opéra, qui figure imprimé dans le recueil à cette date; dans le doute, nous l'indiquons. Il y a dans le recueil des pièces de madame de Pompadour plusieurs erreurs, qui tiennent à l'habitude qu'on avait d'imprimer les ouvrages d'avance. C'est ainsi que *le Prince de Noisy* porte mention d'une reprise le 25 avril 1752; or, nous verrons qu'une indisposition de la marquise fit reculer le spectacle de deux jours, et que, finalement, on ne joua pas cette pièce.

(2) *Vie privée de Louis XV*, par Moufle d'Angerville. (t III, p. 3.)

Les spectacles de Bellevue touchaient à leur fin, et la clôture se fit en mars 1753 par les représentations de deux opéras. Les dimanche 4 et mardi 6 mars, les acteurs de la troupe donnèrent *Zélindor, roi des Sylphes*, paroles de Moncrif, musique de Rebel et Francœur, et *le Devin de Village*, de J.-J. Rousseau.

L'ouvrage de Rebel et Francœur avait été joué à l'Académie de musique le 10 août 1745.

Zélindor, roi des Sylphes.....	*(Jélyotte)*........	*Mme de Pompadour.*
Zirphée......................	*(Mlle Chevalier)*..	*Mme de Marchais*
Zulim, confident de Zélindor..	*(Albert)*.........	*Le comte de Clermont.*
Une Nymphe .. / Une Sylphide...	*(Mlle Coupé)*....	....

Le Devin de Village venait d'être joué à l'Opéra le 1er mars 1753. Voici comment il était chanté à Paris et à Bellevue :

Colette.......	*(Mlle Fel)*........	*Mme de Marchais.*
Colin........	*(Jélyotte)*........	*Mme de Pompadour.*
Le Devin....	*(Cuvillier)*.......	*M. de la Salle.*

Cet opéra, qui était une nouveauté pour Paris, n'en était plus une pour la Cour. L'année précédente, les acteurs de l'Opéra étaient allés le représenter à Fontainebleau. Ces représentations (18 et 24 octobre 1752) avaient obtenu le plus vif succès. Nous n'en ferons pas à nouveau le récit après Rousseau (1), nous dirons simplement ce qu'elles avaient coûté, d'après d'Argenson.

On ne paye plus aucuns gages dans la maison du Roi. Il est déclaré que les gages du conseil ne seront désormais payés qu'au bout de trois ans et les bureaux au bout de cinq ans. Cependant les ballets de la Cour coûtent prodigieusement : on donne des habits neufs aux acteurs; *le Devin de village* a coûté au Roi plus de cinquante mille écus (2).

Les deux divertissements qui terminaient les spectacles de Bellevue furent exécutés aussi bien qu'on pouvait le désirer, surtout à la seconde fois. Ce soir-là, le spectacle finit par un brillant feu d'artifice tiré sur le théâtre. La réussite du *Devin de village* et le succès qu'elle obtint

(1) Tout le monde se rappelle le charmant récit que Rousseau a laissé de cette représentation et de sa fuite quand on voulut le présenter au Roi (*Confessions*, l. VIII).

(2) *Mémoires du marquis d'Argenson*, 10 novembre 1752.

5

elle-même dans le rôle de Colin décidèrent la marquise à envoyer à l'auteur une somme de cinquante louis en témoignage de sa satisfaction. Jean-Jacques la remercia en ces termes :

Paris, 7 mars 1753.

Madame,

En acceptant le présent qui m'a été remis de votre part, je crois avoir témoigné mon respect pour la main dont il vient, et j'ose ajouter, sur l'honneur que vous avez fait à mon ouvrage, que des deux épreuves où vous mettez ma modération, l'intérêt n'est pas la plus dangereuse.

Je suis avec respect, etc.

La troupe du théâtre des petits cabinets n'avait pas retrouvé à Bellevue la vogue qu'elle obtenait à Versailles. La salle, beaucoup plus petite, ne permettait d'admettre que bien peu de spectateurs; et les acteurs, qui avaient acquis peu à peu une certaine aisance, ne voulaient plus jouer pour eux seuls ; ils prétendaient avoir un auditoire véritable et assez nombreux : ce public venant à manquer, les représentations perdirent à leurs yeux une grande partie de leur charme.

Dès lors ces spectacles ne firent que languir. C'est le propre des esprits légers de se lasser promptement des distractions qui leur ont paru d'abord les plus charmantes. Ces illustres personnes s'étaient données de tout cœur à leur joyeux passe-temps et avaient pris très au sérieux leur nouveau métier d'acteurs chantants et dansants; au bout de trois et quatre ans, elles se relâchèrent peu à peu de ce beau zèle. Les représentations, qui, durant ce temps de ferveur, s'étaient succédé à des intervalles très rapprochés, devenaient de plus en plus éloignées. La troupe, qui s'était déjà amoindrie quand on avait transporté les spectacles à Bellevue, allait diminuant à vue d'œil. Un beau jour, les représentations cessèrent : il n'y avait plus d'acteurs.

Le théâtre des petits cabinets avait duré six ans pleins.

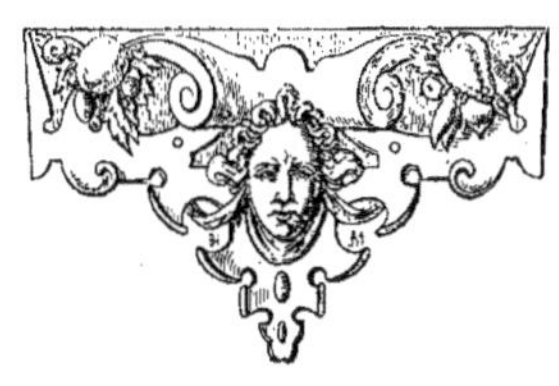

CHAPITRE VII

MISE EN SCÈNE, COSTUMES ET DÉCORATIONS.

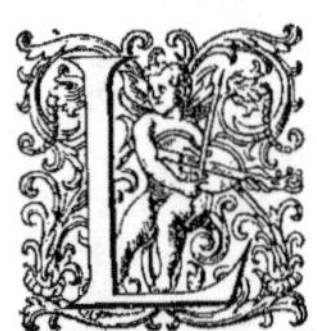

Le luxe le plus merveilleux brillait sur le théâtre de la favorite, qui laissa loin derrière lui l'Opéra pour la pompe du spectacle et la richesse de la mise en scène. Les noms seuls des peintres, costumiers, décorateurs, que nous avons donnés en commençant, étaient de sûrs garants du goût et de la splendeur qu'on devait observer dans les moindres parties de la représentation théâtrale. Mais il n'est telles imaginations que la réalité ne dépasse et, pour se faire une idée de ce luxe éclatant, il faut avoir sous les yeux les sommes énormes qu'on dépensait pour l'organisation matérielle de ces spectacles.

Il suffit pour cela d'ouvrir le *Livre rouge*. Voici ce qu'on y lit concernant les spectacles des petits cabinets pour l'année 1750 :

A M. de la Vallière, pour les spectacles :

le 22 février 1750........................	20,000 liv.
le 22 mars —	20,000 —
le 19 avril —	20,000 —
le 17 mai —	30,000 —
le 7 juin —	30,000 —
le 12 juillet —	30,000 —
le 9 août —	30,000 —
le 20 sept. —	25,000 —
A Hébert, pour différentes fournitures de bijoux, donnés à ceux qui ont représenté sur le théâtre des petits appartements, le 16 mai 1751..........	25,203 —
TOTAL......................	230,203 liv. (1).

Ce n'est que la dépense d'une année. Un document plus considérable nous permet de suivre dans le détail les comptes et dépenses ayant pour objet les spectacles privés de Versailles.

C'est une liasse de papiers ayant appartenu sans doute au duc de la Vallière et qui renferment quantité de comptes et d'états ayant trait au théâtre des petits cabinets. Ce précieux recueil manuscrit est resté inédit jusqu'à ces dernières années : il était comme perdu dans les rayons de la bibliothèque de l'Arsenal. M. Jules Cousin, le savant bibliothécaire de la Ville de Paris, alors attaché à l'Arsenal, en fit faire une copie exacte qu'il remit à M. Campardon, quand celui-ci publia son histoire de madame de Pompadour. Ce dernier le reproduisit *in extenso* à la fin de son ouvrage. Nous allons en donner un résumé aussi bref et aussi clair que possible. C'est en lisant cette longue suite d'additions qu'on pourra apprécier les sommes folles absorbées par ces joyeux divertissements.

Le premier mémoire est celui du perruquier Notrelle, un des principaux coopérateurs de la noble compagnie. Il est intitulé : *Mémoire de toutes les fournitures de peruques et accommodages faits pour les petits appartemens, par Notrelle, peruquier des menus plaisirs du Roy, sous les ordres de M. le duc de La Vallière*, en 1747 et 1748. Le total de ce compte monte à 3,597 livres, que le perruquier réduit facilement à 2,000, en homme sûr de gagner encore gros sur

(1) *Registres des dépenses secrètes de la Cour*, connus sous le nom de *Livre rouge*, apporté par des députés des corps administratifs de Versailles, le 28 février 1793, l'an deuxième de la République, déposé aux archives et imprimé par ordre de la Convention nationale. 3 vol. in-8°, 1793.

ses déboursés. Ce mémoire se compose de 19 articles différents, rédigés tous sur le modèle suivant :

HUITIÈME ARTICLE

Du jeudy 15 février 1748.

Sixième représentation à Versailles.

Fourni 11 peruques à la romaine pour les chœurs...	44 liv.
1 peruque pour mademoiselle Camille.............	4 —
7 allonges et faces pour les danseurs et danseuses....	28 —
1 peruque carrée extraordinaire pour M. de Clermont d'Amboise, laquelle il a fallu envoyer chercher à Paris ; pour ce, à cause du voyage.........	10 —
3 journées pour ledit Notrelle, à 15 livres par jour..	45 —
3 journées pour la maitresse coeffeuse, à 15 livres aussi par jour.................................	45 —
3 journées pour la seconde coeffeuse, à 6 liv. par jour.	18 —
3 journées pour 2 garçons peruquiers, à 6 liv. chacun par jour..................................	36 —
Pour la poudre et la pomade......................	6 —
	236 liv.

Plus, le dimanche précédent, 11 février, ledit Notrelle est allé à Versailles, selon les ordres qu'il avait receüs, avec la maitresse coeffeuse, la seconde coeffeuse et 2 garçons peruquiers, et ils ont été obligés de revenir, y ayant eu un contre-ordre à cause de la maladie de madame Adélaïde. Pour ce, ce qu'il plaira à Monseigneur le duc de La Vallière d'ordonner.....................................

On peut le voir par ces derniers mots comme à propos de la mort de M. de Coigny, le sieur Notrelle ne perdait jamais la tête au milieu des événements plus ou moins graves qui dérangeaient l'économie des représentations de la Cour.

Viennent ensuite divers états des plus intéressants et des plus chers.

1° *Etat des sommes dues aux tailleurs qui ont été à Versailles prendre les mesures, essayer les habits et habiller aux représentations.* — Total : 744 livres.

2° *Etat des avances faites par le sieur Perronnet pour les ballets des petits appartements, depuis le mois de décembre* 1747 *jusqu'à la fin de mars* 1748. — 1,625 livres 10 sols.

3° *Etat des marchandises fournies au sieur Ferronnet pour les ballets des petits appartements.* — 11,737 livres, 0 sols, 5 deniers.

5.

4° *Etat des dépenses pour les ballets des petits appartements de* 1747 *à* 1748, comprenant les bas de soie (855 livres), les souliers pour le chant et la danse (495 liv.), les chapeaux (94 liv.), et les ustencils (148 liv.) — Total : 1,592 livres.

Nous trouvons à la suite un mémoire du costumier Péronnet : *Etat des habits faits pour les ballets des petits appartemens*. Cette note, qui comprend la description minutieuse de chaque costume, s'élève à la somme totale de 12,189 liv. Et pourtant elle ne contient que les habits d'une dizaine de pièces, tout au plus.

Voici maintenant le document le plus considérable du recueil; c'est l'*Inventaire général des habits et ustencils du théâtre des petits appartements sous la garde de madame Schneider, fait en l'année* 1749. Il se divise en deux catégories : *Habits d'hommes* et *habits de femmes*. Pour avoir une idée de la façon dont cet inventaire est dressé, nous allons transcrire le chapitre des habits de femmes (chant) pour l'opéra de *Tancrède*.

B. — TANCREDE.

Rolles.

N° 1.

HERMINIE, *Madame la marquise de Pompadour.*

Habit oriental, grande robe en doliment de satin cerise, corset pareil, le tout garni d'hermine découpée, appliquée en dessin de broderie, jupe de satin bleu peinte en broderie d'or avec paillettes et frisé d'or, bordée d'un milleray d'or, la dite jupe doublée de toile.. 1 habit.

(Fait neuf en totalité.)

N° 2.

CLORINDE, *Madame la duchesse de Brancas.*

Un corset en cuirasse de moire acier brodé d'or, lambrequins, brassards et amadis galonnés et écaillés d'or, grandes basques de brillant argent brodées d'or, bordées de rezeau d'or.

Mante de taffetas bleu imprimée en bouquets d'or, bordée de rezeau d'or.. 1 —

(La juppe de l'habit de Victoire se trouvera sous le nom de madame Trusson. — Le tout fait neuf.)

N° 3.

GUERRIÈRE, *Madame de Marchais.*

Corset en cuirasse de moire acier, le corps écaillé argent, brassarts, lambrequins et amadis galonnés d'argent, grandes basques

de taffetas gris mosaïque de milleray argent, galonnés de rézeau argent, écharpe de taffetas blanc garnie de rézeau et glands d'or.. 1 habit.
(*Neuf en totalité.— Ce corset servait avec la juppe de Fortune rendue aux Menus-Plaisirs.*)

N° 4.

NIMPHE, *Madame de Marchais.*

Corset, jupe et basques de taffetas blanc, le tout garni de guirlandes et pompons et fleurs artificielles, la juppe tamponnée de gaze d'Italie, mante de taffetas blanc ornée de découpures et de fleurs.. 1 —
(*Habit fait d'un habit de madame la marquise de Pompadour.*)

A la fin de cet inventaire, outre un état des culottes et coeffures, nous trouvons une note indicative des *Habits de l'ancien état qui n'ont point servis dans les opéras de l'hiver dernier*, avec les mentions : *Propre— Passé — A blanchir — A détruire.* Viennent ensuite un état des *Parties détachées d'habillemens tant d'hommes que de femmes* et un catalogue des *Mantes grandes et petites tant d'hommes que de femmes.*

Pour finir, un *Etat des corps, panniers et hanches de baleine* et un *Etat des ustancils, masques et fleurs.* Ici nous voyons notés quatre paniers de rôles tout en baleine, sçavoir, à madame la marquise de Pompadour, en taffetas blanc; les trois autres en batiste, à mesdames de Brancas, Trusson et de Marchais. M. de Courtenvaux avait deux paires de hanches; M. de Langeron en avait trois; le vicomte de Rohan, madame de Marchais, madame de Pompadour, n'en avaient qu'une; le marquis de La Salle en avait deux, une ordinaire, et l'autre en trousse rembourrée. Parmi les *ustancils*, voici une grande pique dorée, un thyrse doré, un trident de Neptune en fer blanc, la faux du Temps, une poignée de serpents à ressorts, un flambeau de Discorde en bois doré, un sceau de bois, une roue de Fortune, la couronne du Destin, six masques feu de Furies de cire vernis, etc., etc.

Récapitulation générale.

Habits d'hommes...............	202	355
Habits de femmes.............	153	
Mantes d'hommes...............	12	41
Mantes de femmes..............	29	
Culottes..............................		67
Coëffures............................		243

Signé : Femme de SCHNEIDER.

Le manuscrit de la bibliothèque de l'Arsenal contient encore une pièce que M. Campardon n'a pas publiée. Elle ne porte aucun titre. Ce n'est pas un mémoire, ce paraît être plutôt un projet du costumier pour l'opéra d'*Ismène*, projet qu'il aurait soumis ensuite à M. de la Vallière ou que celui-ci lui aurait donné. Ce qui peut confirmer cette supposition, c'est que madame de Brancas est marquée comme devant jouer e rôle de Chloé; or, nous avons vu qu'une indisposition la força de céder ce rôle à Madame Trusson. C'est sous le nom de cette dernière que figurent les habits de Chloé dans l'état définitif des costumes. Voici cette pièce :

ACTEURS.

ISMÈNE, NIMPHE BERGÈRE, *Madame la marquise de Pompadour.*

Habit de taffetas bleu tendre, garni de gazes brochées et blondes. Une mante sur la hanche et l'épaule de taffetas bleu garnie de gazes et blondes.

CHLOÉ, NIMPHE BERGÈRE, *Madame la duchesse de Brancas.*

Habit du magasin des Menus-Plaisirs.

DAPHNIS, BERGER HÉROÏQUE, *M. le duc d'Ayen.*

A faire bleu et blanc.

Le corps et le tonnelet de taffetas blanc. Draperie de taffetas bleu garn en bouffettes de taffetas blanc imprimé argent, garnies de réseaux argent et chenillés bleu. Une mante sur la hanche et sur l'épaule, de même que la draperie. Une pannetière de taffetas blanc imprimé argent, réseaux argent et chenillés bleu.

(*En marge.*) Une coëffure sérieuse. Le tonnelet garni en découpures de taffetas bleu chenillé argent.

DANSE.

BERGERS, BERGÈRES.

M. de Courtenvaux.

Sept rosettes de ruban blanc garnies de fleurs.

L'habit blanc de M. de Clermont à remettre à sa taille.

Les sieurs Barois, Piffet, Balety, Dupré.
Les demoiselles Dorfeuil, Chevrier, Durand, Astrodi.

Habits blanc et rose. Quatre rosettes pour les chapeaux à chacun. Chacun deux rosettes pour la culotte. Un nœud de perruque.

Pour les demoiselles, des manches de cour, des bracelets nœuds de manches, des tabelliers de gaze brochée, découpures roses. Quatre petits chapeaux de paille doublés et garnis d'une guirlande rose. Un collier à chacune.

FAUNES ET DRIADES.

M. de Courtenvaux.

Son habit, sept rosettes vertes et argent.

Les sieurs Barois, Piffet. — Les demoiselles Dorfeuil, Chevrier.

Les corps de taffetas feuille morte, tonnelets et juppes de taffetas blanc peint. Draperies de peau tigrée peinte.

Les garçons, à chacun sept rosettes vertes et argent.

Pour les deux petites filles, de petits toquets de peau tigrée garnis de vert.

CHŒURS CHANTANTS.

Le sieur Francisque.

Il ne s'habillera pas.

Les sieurs Falco, Camus, Dupuis, Benoist, Godenêche, Ducro, Le Bègue, Bazire, Richer, Daigremont.

Dix en faunes et en bergers.

Ces longues séries de chiffres, ces listes sans fin de décors, de costumes, d'accessoires, ces énumérations de richesses et de magnificences peuvent donner idée des sommes fabuleuses absorbées par les exercices dramatiques et musicaux de madame de Pompadour. Elles font bien comprendre quelle juste colère animait le marquis d'Argenson lorsqu'il flétrissait en termes indignés ces luxueux divertissements qui tarissaient le trésor public, à l'heure même où le désordre de nos finances augmentait la misère profonde qui régnait dans tout le royaume, à l'approche de terribles défaites qui allaient épuiser les dernières ressources de la France déjà bien appauvrie de sang et d'argent par ses précédentes victoires.

« La Cour n'est occupée que de plaisirs : le retranchement des grands ballets-opéras n'est point un signe de deuil pour ce carnaval; le roi ne vaquant qu'à regret à tout ce qui est public, mais chérissant au contraire les plaisirs privés. On ne songe qu'aux comédies des Cabinets où la marquise de Pompadour déploie ses talents et ses grâces pour le théâtre. On n'y voit chacun occupé que d'apprendre ses rôles ou de répéter des ballets avec les demoiselles Gaussin et Dumesnil, et avec le sieur Deshayes, de la Comédie-Italienne. On prétend que Pétrone ne peignait pas autrement la cour où il vivait que l'on voit la nôtre, si occupée de ces délices, tandis que les affaires politiques demandent le plus grand sérieux et même des craintes qui paraissent sans doute plus fondées aux spectateurs qu'aux acteurs. »

C'est au commencement de 1748, au moment où les spectacles des petits cabinets étaient dans leur vogue la plus brillante, que d'Argenson faisait ce rapprochement prophétique, auquel semblaient donner démenti la grandeur de la France à l'extérieur, assurée par les victoires de Rocoux, de Lawfeld, et l'apparente prospérité intérieure du royaume. Démenti d'un jour, que l'avenir devait transformer avant peu en une confirmation éclatante et terrible.

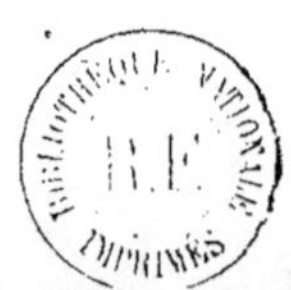

RÉPERTOIRE COMPLET DU THÉATRE DES PETITS CABINETS, AVEC LE CHIFFRE DES REPRÉSENTATIONS DE CHAQUE PIÈCE.

Opéras et Opéras-ballets.

Acis et Galatée	2
Almasis	3
Amours déguisés (les)	1
Amours de Ragonde (les)	2
Devin de village (le)	1
Églé	4
Éléments (les)	
Prologue	3
Acte du Feu	2
— de l'Air	3
— de la Terre	2
Érigone	6
Fêtes de Thalie (les) (?)	1
Fêtes de Thétis (les)	2
Fêtes grecques et romaines (les)	
Prologue	2
Acte de Cléopâtre	2
— des Saturnales	3
Ismène	3
Issé	3
Journée galante (la)	2
Jupiter et Europe	2
Paix (ballet de la)	
Acte de Philémon et Baucis	3
Phaéton (Prologue de)	1
Prince de Noisy (le)	5
Sens (ballet des)	
Acte de la Vue	2
Silvie	2
Surprises de l'Amour (les)	2
Tancrède	2
Vénus et Adonis	1
Zélie	5
Zélindor	1
Zélisca	1

Tragédie et Comédies.

Alzire	2
Dehors trompeurs (les)	3
Enfant prodigue (l')	1
Esprit de contradiction (l')	1
Foire Saint-Germain (la)	1
Homme de fortune (l')	1
Mariage fait et rompu (le)	2
Méchant (le)	2
Mère coquette (la)	3
Monsieur de Pourceaugnac	1
Oracle (l')	1
Petites vendanges (les)	1
Philosophe marié (le)	2
Préjugé à la mode (le)	4
Secret révélé (le)	1
Tartufe	2
Trois cousines (les)	3
Zénéide	2

Ballets-Pantomimes.

Amour architecte (l')	1
Bûcherons (les)	1
Chasseurs et petits vendangeurs	1
Impromptu de la Cour de marbre (l')	1
Mignonnette	1
Opérateur chinois (l')	3
Pédant (le)	2
Quatre âges en récréation (les)	2
Sabotiers (les)	1
Savoyards (les)	1

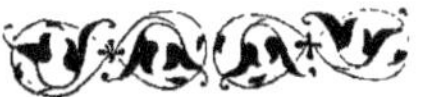

ORCHESTRE DU THÉATRE DES PETITS CABINETS.

	1747-48	1748-50
Clavecin	M. Ferrand, fils d'un fermier général.	M. Ferrand.
Violoncelles	Le sieur Jéliotte, de l'Opéra et de la chambre. Le sieur Chrétien, de la musique du Roi. Le sieur Picot. M. Duport, huissier de l'antichambre du Roi.	Le sieur Jéliotte. Le sieur Labbé l'aîné. Le sieur Chrétien. Le sieur Picot. M. Duport. Le sieur Antonio. Le sieur Dubuisson.
Bassons	M. le prince de Dombes. Le sieur Marlière.	M. le prince de Dombes. Le sieur Marlière. Le sieur Blaise. Le sieur Brunel (à la fin).
Violes	M. le c^{te} de Dampierre, gentilhomme ordinaire des plaisirs du Roi. M. le marquis de Sourches, grand prévôt de l'hôtel.	M. de Dampierre. M. le marq. de Sourches.
Flûtes	M. de Bussillet, secrétaire de M. le duc d'Ayen. Le sieur Blavet, musicien de la chapelle et de la chambre.	M. de Bussillet. Le sieur Blavet.
Hautbois	Le sieur Deselles, *idem*.	Le sieur Deselles. Le sieur Desjardins.
Violons premiers dessus.	Le sieur Mondonville, maître de musique de la chapelle. Le sieur Deselles, le même ci-dessus. M. de Bussillet, comme ci-dessus. Le sieur Mayer, valet de chambre de M. le duc d'Ayen.	Le sieur Mondonville. Le sieur Lalande. Le sieur Le Roux. M. de Courtaumer. Le sieur Mayer.
Violons seconds dessus.	Le sieur Guillemain, ordinaire de la musique du Roi. M. de Courtaumer, porte-manteau de S. M. M. Fauchet. M. Belleville.	Le sieur Guillemain. Le sieur Marchand. Le sieur Caraffe l'aîné. M. Fauchet. M. Belleville.
Trompette		Le sieur Caraffe cadet.
Cor de chasse		Le sieur Caraffe 3e.

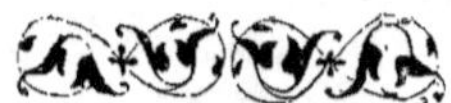

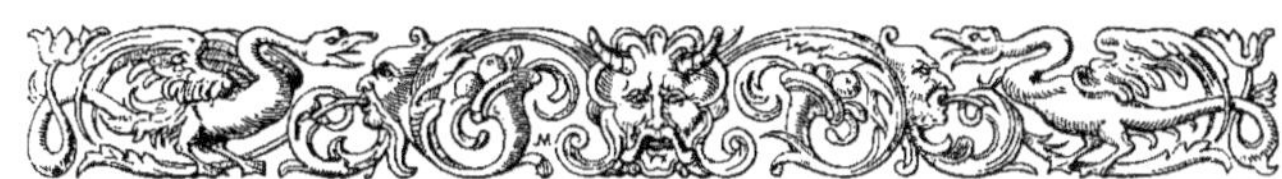

TABLE DES CHAPITRES

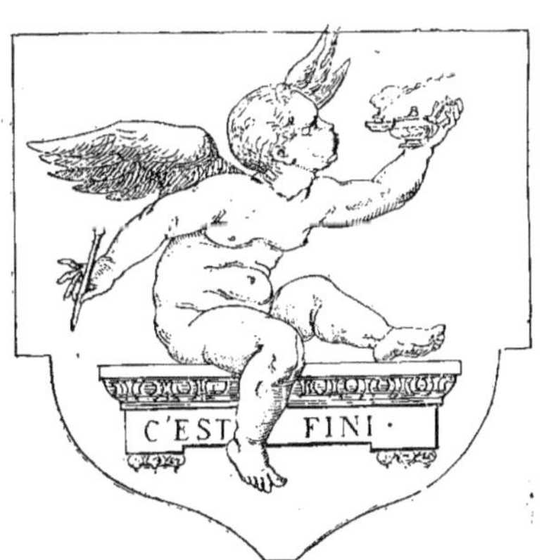

Paris. — Imprimerie Alcan-Lévy, rue de Lafayette, 61.

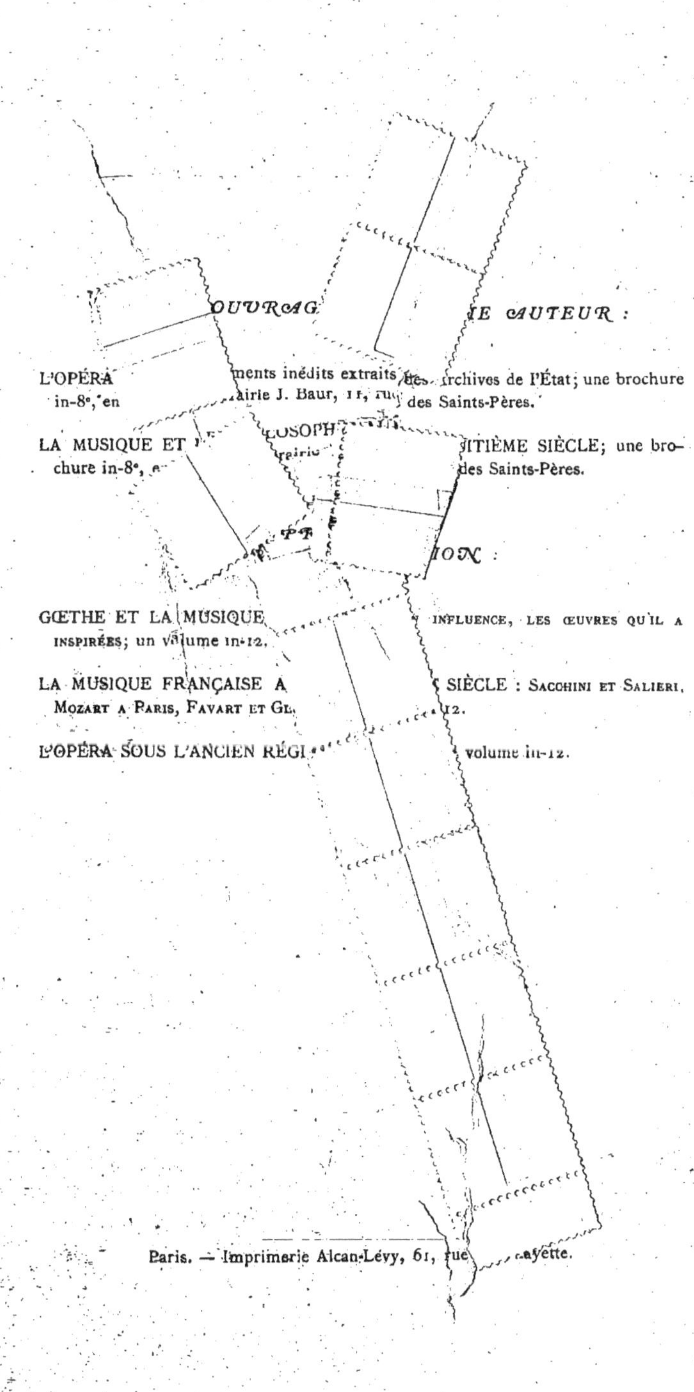

OUVRAG… IE AUTEUR :

L'OPÉRA … ments inédits extraits des archives de l'État; une brochure in-8°, en … airie J. Baur, 11, rue des Saints-Pères.

LA MUSIQUE ET … LOSOPH… ITIÈME SIÈCLE; une brochure in-8°, … des Saints-Pères.

… ION :

GŒTHE ET LA MUSIQUE … INFLUENCE, LES ŒUVRES QU'IL A INSPIRÉES; un volume in-12.

LA MUSIQUE FRANÇAISE A … SIÈCLE : SACCHINI ET SALIERI, MOZART A PARIS, FAVART ET GL… 12.

L'OPÉRA SOUS L'ANCIEN RÉGI… volume in-12.

Paris. — Imprimerie Alcan-Lévy, 61, rue …ayette.

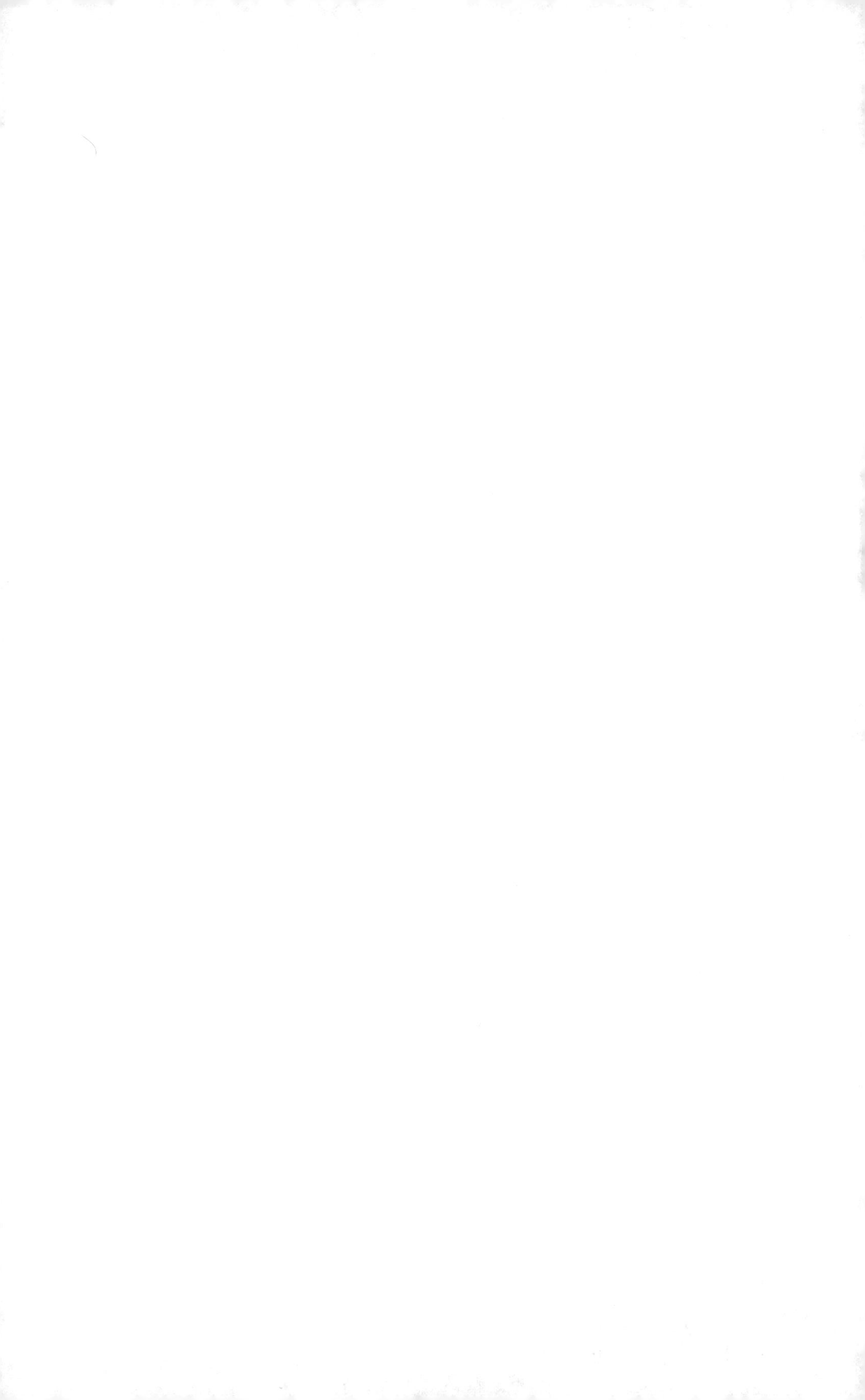

www.ingramcontent.com/pod-product-compliance
Lightning Source LLC
LaVergne TN
LVHW010617110826
845149LV00003B/955

* 9 7 8 2 3 2 9 0 0 6 6 9 7 *